CB020623

O guia para ser você mesma

(estilo, inspiração e beleza)

Lia Camargo

Melina Souza

1ª edição

Galera
Rio de Janeiro
2016

SUMÁRIO

05 Para os nossos leitores

09 Parte 1 * Moças do século XXI

- **10** Etiqueta nas redes sociais
- **14** Truques da vovó
- **19** Amizade & competição entre mulheres
- **20** Bullying virtual

23 Parte 2 * Inspira

- **24** Sonhos & Serendipity
- **28** Mulheres: Audrey Hepburn, muito mais que uma bonequinha de luxo
- **30** Chimamanda Ngozi Adichie, "a feminista feliz e vaidosa que não odeia homens"
- **32** Jane Austen, o primeiro grande nome da literatura inglesa moderna
- **33** Hedy Lamarr, a diva cientista
- **35** Nise da Silveira, pioneira na medicina psiquiátrica
- **37** Mais mulheres inspiradoras da história

43 Parte 3 * Moda, beleza, pesos e medidas

- **44** O que não sai de moda
- **46** Estilo
- **52** Dicas infalíveis
- **54** Corpo e transtornos alimentares
- **56** Dicas para um corpo perfeito (o seu!)

59 Parte 4 * Diy & outras dicas

- 60 Moda e beleza
- 64 Decoração
- 67 Organização
- 72 Receitinhas

83 Parte 5 * Viajando

- 84 Como fazer a mala e o que levar no nécessaire
- 92 Se distraia para espantar a ansiedade
- 93 Dicas de fotografia
- 99 Londres – dez pubs
- 102 Paris – dez comidinhas
- 105 Nova York – dez fotos
- 109 São Paulo – dez lugares
- 114 Rio – dez carioquices
- 119 Tóquio – dez comprinhas
- 123 Disney – dez fofuras

131 Parte 6 * Listas

- 132 Livros
- 137 Extra: Livros para entender o feminismo
- 138 Filmes
- 144 Filmes da Disney
- 148 Músicas que me deixam feliz
- 150 Séries de TV
- 152 Suas listas

155 Agradecimentos
160 Créditos

Para os nossos leitores,

Somos de uma geração que nos fez sonhar com profissões bem convencionais desde pequenas. Na infância, seria um pensamento muito sci-fi achar que um dia a gente ia trabalhar interagindo com milhões de pessoas por meio de um computador!

Lia dentista e Mel veterinária

Mas hoje esta é a nossa profissão: somos blogueiras! Criamos espaços para falar daquilo que amamos para pessoas que têm os mesmos gostos que a gente. É como ter milhões de amigos pelo mundo para trocar dicas e opiniões — e é mágico!

O legal dos blogs é que todo mundo pode criar um a qualquer momento, para falar do que tiver vontade. É como se a sua voz amplificasse: seus textos, fotos e vídeos alcançam mais pessoas por causa da internet. Quando poderíamos imaginar que uma foto, um texto ou um vídeo poderia ser visto por pessoas de qualquer canto do mundo instantaneamente?

Como tudo, a internet também tem um lado positivo e um negativo e, ao mesmo tempo que se tem contato com muita gente incrível, encontramos também mais gente chata. Faz parte e, felizmente, o lado positivo sempre vence!

Por causa dos blogs, temos vivido experiências fantásticas nos últimos anos. Conhecer pessoas especiais, viajar pelo Brasil e pelo resto do mundo, ganhar presentes maravilhosos, criar produtos inspirados no nosso estilo e até ser pagas para fazer propaganda de marcas que a gente ama (imagina?)... E agora, lançar um livro!!!

OMG, o nosso próprio livro! Bem do jeitinho que a gente sonhou, com muitas dicas e mensagens inspiradoras. Com ilustrações, cores e fotos lindas. Com sinceridade, para que você nunca se esqueça de que ser você mesma é sempre o melhor caminho, mas sempre com um pouco de doçura.
E a cada vírgula escrita, impossível não pensar em você! Como vai folhear as seções, o marcador de página que vai usar, onde deixará o seu (o nosso!) livro, qual parte vai gostar mais... Dá até um friozinho na barriga só de imaginar!

Este é um livro feito com muito amor.
Obrigada por participar da nossa vida!

Esperamos que você seja feliz na sua leitura e continue acompanhando a gente =]

Um beijo,

Lia e Mel

Moças
do séc. XXI

Etiqueta nas redes sociais

LIA

Não acho que precisemos decorar regras sobre como agir na internet. Basicamente, basta aplicar a nossa boa educação da "vida off-line" no que fazemos virtualmente. Agradecer, pedir licença, dizer por favor, cumprimentar as pessoas, saber se desculpar... tudo aquilo que aprendemos em casa é o que deve valer para todos os ambientes, inclusive os virtuais.

Muita gente tem a sensação de que está protegido e anônimo por estar atrás da tela de um computador, mas isso não é verdade. Claro que muitas pessoas aproveitam esse suposto anonimato para exacerbar sua agressividade e isso pode provocar traumas e magoar bastante (a Mel também fala um pouco sobre isso mais para a frente!).

Antes de dar algumas dicas, podemos resumir assim: não seja uma pessoa ao vivo e outra diferente no mundo virtual.

1. Se não tenho algo bom a acrescentar, melhor ficar calada

Não estou dizendo que devemos elogiar tudo e todos sempre. Afinal, críticas são necessárias a todos nós. Mas, antes de apontar o dedo para alguém, vamos nos perguntar se o comentário vai acrescentar algo de bom na vida daquela pessoa.

2. É tudo uma questão de jeito

A vantagem das redes sociais é que, diferentemente de uma conversa cara a cara, temos um tempo, por menor que seja, para avaliar o que vamos dizer antes de enviar. A desvantagem é que, por escrito, nem sempre conseguimos passar o tom certo. Para evitar ruídos, que são sempre chatos, vale reler o que está escrito. Está soando gentil? Não? Então vale ajustar o discurso com aquelas palavrinhas (e outras) que eu citei lá em cima! Emoticons e emojis são muito bem-vindos!

3. Alguém te xingou? Não revide!

Ninguém tem sangue de barata, eu sei, mas minha experiência em todos esses anos de internet (já são mais de 13 de Just Lia!) comprova que, muitas vezes, o que os haters querem é atenção. Alguém foi ríspido? Responda com toda a educação do mundo. Em 90% das vezes, a tréplica vai ser bem mais gentil que o primeiro contato (torto). Ignorar também é uma saída: concentre suas energias em responder a quem merece.

4. Alguém te colocou pra baixo?

Não perca tempo com atitudes estúpidas ou pensamentos mesquinhos. Seu tempo é precioso, use-o para coisas úteis, que façam os outros verdadeiramente felizes (e isso pode acontecer em forma de crítica construtiva, olha só!). Você não precisa botar alguém pra baixo para ser melhor que essa pessoa. O outro não precisa ter menos para você ter mais. Atitudes e pensamentos legais atraem coisas legais. E vice-versa. O que você quer atrair? É plantando que se colhe!

5. Vai revidar? Respire fundo, conte até dez

Não responda no calor do momento, isso não costuma dar certo. Te irritou? Bebe uma água, dá um passeio, ouve uma música que você adora, assiste a um episódio da sua série favorita, come uma coisa gostosa, vê vídeos de gatinhos na internet... Tudo para relaxar a cabeça e responder com calma e tranquilidade. O debate só tem a ganhar!

6. Cuidado com a negatividade online

Acredito que mensagens ruins contaminam quem está ao nosso redor. Preste atenção se ultimamente você não tem usado as redes sociais apenas para reclamar e expor opiniões polêmicas. Experimente publicar mais mensagens inspiradoras para ver como tudo fica mais gostoso!

Truques da vovó

MEL

A tecnologia é maravilhosa: a gente pode carregar milhares de livros e músicas na bolsa, falar com os amigos que estão do outro lado do mundo e usar um rímel cuja fórmula foi elaborada para abraçar seus cílios e deixá-los enormes e volumosos. Não é o máximo? Mas certos hábitos nunca ficam datados. É tipo levar o guarda-chuva na bolsa em épocas de chuva de verão. Um truque da vovó pode te salvar nas horas em que a tecnologia não te supre. Quer ver só?

1. ESFOLIANTE CASEIRO

Quem disse que você precisa gastar muito para manter a pele sempre novinha, livre da camada morta? Se misturados a óleo de coco (o novo queridinho da alimentação saudável), açúcar ou fubá (sim, fubá!) substituem muito bem os esfoliantes industrializados. A receita é simples: duas partes de açúcar ou fubá para uma de óleo. Só isso. Faz bem para a pele, para o bolso e para o meio ambiente, já que muitos dos produtos que você encontra em farmácia e perfumarias são feitos com esferas plásticas superpoluentes. Ah, o mesmo óleo de coco salva os cabelos ressecados! Basta passar um pouco nas pontas do cabelo seco, deixar por algumas horinhas (duas ou três) e lavar bem.

2. POTENCIALIZE O CURVEX!

O curvex bem parece um instrumento de tortura medieval, mas é um grande aliado para deixar os cílios curvados e lindos. Quer multiplicar o efeito dele? Aqueça com o secador (rapidinho!) o curvex, teste na mão para saber se não está muito quente e use nos cílios (com cuidado para não se queimar!). A lógica é a mesma da escova, da chapinha, do babyliss... o cabelo (ou pelo, no caso do cílio) é modelado mais facilmente em contato com o calor.

3. OLHEIRAS?

A sua avó ensinou que prevenir é melhor que remediar, vai. E melhor que usar corretivo colorido (laranja para peles morenas, verde para olheiras arroxeadas e amarelo para peles mais claras), corretivo do tom da sua pele e base, é evitar as olheiras. Ou pelo menos minimizar as manchas ao redor dos olhos. E são muitos os truquezinhos. Saquinhos de chá de camomila (calmante e anti-inflamatório!) gelados por dez minutos, fatias de batatas cruas e geladas (juro! 15 minutinhos!) ou rodelas de pepino antes de dormir, como nos desenhos animados. Funciona!

4. GUACAMOLE? QUE NADA!

Abacate é um santo remédio. Com apenas 20 minutos de uma máscara feita com abacate maduro amassado (enxaguada depois com água morninha), o seu rosto vai ficar lindo, hidratado e sem manchinhas vermelhas, sabe? Graças às vitaminas A e C, que estimulam a produção de colágeno (que ajuda a evitar o envelhecimento).

5. EMBELEZE-SE DORMINDO

Sabe o que pode ser péssimo para seu cabelo e sua pele? A fronha do seu travesseiro! Sim, a fricção com o tecido pode deixar seu cabelo áspero, embolado, ressecado. E o mesmo vale para a pele do rosto. Melhor investir em fronhas de cetim para aliviar as marquinhas do sono e os nós no cabelo. Você acorda outra!

6. REMOVEDOR DE MAQUIAGEM

Tirar toooda a maquiagem antes de dormir é essencial para manter aquela cútis de bebê. Quer saber o melhor jeito? Com produtos de bebê! Óleo para bebê é ótimo para deixar a pele toda limpinha, e xampus para bebê, daqueles que vendem em farmácia e não irritam os olhos, removem todo o rímel, até mesmo os à prova d'água (servem também para lavar os óculos, sabia?). Mas não se esqueça de lavar bem o rosto depois para não ficar com a pele oleosa, OK?

Amizade & competição entre mulheres

LIA

A gente cresceu ouvindo que as meninas sentem inveja umas das outras (a palavra "recalque" tá na moda hoje em dia, né?) e não conseguem manter uma amizade sincera. Imaginem pra mim, que sempre fui gamer e andava muito com meninos! Mas a internet é linda e, apesar de dizerem que ela está acabando com as relações interpessoais, eu discordo. Nunca foi tão fácil conhecer pessoas com interesses parecidos e manter contato com seus amigos. Já foi por ICQ, MSN, agora por Whatsapp, Facebook, Instagram, e essa evolução não vai acabar nunca!

Todos somos capazes de criar laços, independentemente do gênero do candidato a amigo. Uma prova disso? Eu sempre fui daquelas que, enquanto as amigas brigavam por causa de um gatinho e a turma se separava, continuava andando com todo mundo, sabe? Sem comprar um lado ou tomar partido.

Claro que, às vezes, rusgas acontecem, mas uma amizade verdadeira faz com que a gente reflita, tenha paciência e, por que não, dê o braço a torcer quando cisma com alguma coisa. Não deixe nunca que o mundo te coloque contra aquelas meninas que você ama, que te ajudam, te colocam pra cima, apoiam seus planos, dão corda para os seus sonhos. Isso nada mais é que sororidade (outra palavra na moda, essa para o bem!), em que as mulheres devem se unir pelo bem comum.

Isso é o que faz a vida valer a pena <3

Bullying virtual

MEL

Todo mundo já ouviu falar sobre bullying, que pode ser a velha zoação de escola ou ter contornos ainda mais graves. Dificilmente alguém pode dizer que nunca foi vítima de um bully, de um troll, de um agressor. Algumas pessoas sofrem por causa da aparência, por ter alguma dificuldade ou até mesmo por serem boazinhas demais. Infelizmente, qualquer um pode virar vítima. Eu sofri bullying algumas vezes por vários motivos — por ter estado acima do peso (de acordo com a visão distorcida que a mídia impõe como padrão de beleza); por gostar de coisas fofas; por ser adulta e gostar de ler YA; por não ter um corpo de modelo e até por gostar de estudar!

A internet pode ser sua melhor amiga, como a Lia já falou por aqui. Nela podemos nos expressar e compartilhar coisas boas que fazem com que nos sintamos bem, não é? Mas nada é perfeito e, com a internet, o bullying ganha outros contornos devido à popularização dos trolls, que espalham comentários ofensivos, quase sempre anônimos, com o único intuito de colocar outras pessoas para baixo.

Que vida triste a de quem se diverte à custa de diminuir os outros, não é? As pessoas que se sentem bem em ofender e falar o que querem sem se preocupar com o sentimento alheio precisam de ajuda, pois ver outra pessoa feliz as incomoda.

Sim. Eu sei, ser agredido não é fácil e nos afeta de diversas formas, inclusive na autoestima. E acontece com todo mundo! Muitas vezes vemos uma pessoa cheia de sucesso e esquecemos que ela passou por muitas coisas até chegar aonde chegou. Se você for vítima de bullying no mundo real ou virtual, tome coragem de pedir ajuda, não guarde para você! Se estiver sofrendo com um troll, lembre-se de que a melhor maneira de combatê-lo é ignorando. Foque em quem te faz bem! "Responder à altura" só vai alimentar mais ódio, responder ironicamente vai provocar mais irritação e não vai resolver o problema.

Não tenha vergonha nem medo de pedir ajuda ou conversar com alguém. Guardar isso pra você não faz bem. Afinal, aprendi que não vale a pena sofrer por isso. Na maioria dos casos, estamos apenas tentando ser nós mesmos, sem fazer nada de errado ou prejudicar alguém. E os trolls não se colocam no lugar do outro – aliás estas pessoas também deveriam procurar ajuda. O mundo seria um lugar muito melhor se as pessoas, antes de falar, pensassem no que o próximo vai sentir.

Sonhos & Serendipity

MEL

Beije alguém que você ama.

Livros, chá e mais livros...

24

Sonhos não se realizam
a menos que você trabalhe.

O truque é aproveitar a vida.

Ria até a barriga doer!

Faça algo divertido.

Não se limite a sonhar, realize!

Mulheres

AUDREY HEPBURN, MUITO MAIS QUE UMA BONEQUINHA DE LUXO

Todo mundo tem em mente a imagem da Audrey Hepburn impecável, elegante e diva em *Bonequinha de luxo*. O tubinho preto da Givenchy, o coque alto adornado com uma tiara, o colar exuberante e as luvas que se alongavam até os braços. Mas sua Holly Golightly era bem mais densa e profunda. Esperta, debochada, nada casta, a personagem tinha muitas nuances. Assim como a atriz, um dos maiores ícones da história do cinema.

Entre a voluptuosidade supersexy de Marilyn Monroe e o recato quase virginal de Doris Day, Audrey era a representação da mulher sofisticada, independente e poderosa.

Uma mulher à frente do seu tempo (Audrey nasceu na Bélgica, em 1929, e morreu na Suíça, em 1993, aos 63 anos, de câncer). Embaixadora da UNICEF, Audrey dedicou parte de sua atribulada vida (foram 29 filmes, três casamentos, dois filhos!) a ajudar crianças carentes de nações de extrema pobreza: África, Ásia, América Central... E ela fazia isso pessoalmente, munida dos muitos idiomas que falava: inglês, holandês, francês, italiano, espanhol e alemão. Tudo para agradecer e retribuir os privilégios que a vida lhe deu.

Audrey costumava resumir sua vida com as palavras do comediante americano Sam Levenson:

Para ter lábios atraentes, diga palavras doces.
Para ter olhos belos, procure ver o lado bom das pessoas.
Para ter um corpo esguio, divida sua comida com os famintos.
Para ter cabelos bonitos, deixe uma criança passar os dedos por eles pelo menos uma vez ao dia.
Para ter boa postura, caminhe com a certeza de que nunca andará sozinho.
Pessoas, muito mais que coisas, devem ser restauradas, revividas, resgatadas e redimidas.
Lembre-se de que, se alguma vez precisar de uma mão amiga, você a encontrará no final do seu braço.
Ao ficarmos mais velhos, descobrimos porque temos duas mãos; uma para ajudar a nós mesmos, outra para ajudar o próximo.
A beleza de uma mulher não está nas roupas que ela veste, nem no corpo que carrega, ou na forma como penteia o cabelo. A beleza de uma mulher deve ser vista nos seus olhos, porque ali fica a porta para seu coração, o lugar onde o amor reside.

CHIMAMANDA NGOZI ADICHIE, "A FEMINISTA FELIZ E VAIDOSA QUE NÃO ODEIA HOMENS"

Chimamanda é mulher, escritora, negra. Nascida na Nigéria em 1977, teve seus livros traduzidos para mais de 30 idiomas e coleciona importantes prêmios literários. Destaca-se no mundo não só por obras como *Meio sol amarelo* (2008) e *Hibisco roxo* (2011), mas também por ser uma das vozes mais ativas do feminismo atual. Um feminismo real, possível e justo.

Respondendo às muitas críticas infundadas ao movimento feminista moderno, a escritora costuma se definir como "uma feminista feliz e africana que não odeia homens e que gosta de usar batom e salto alto para si mesma, não para os homens". Chimamanda é linda. Assume seus cabelos crespos, está sempre bem-vestida. Cores e estampas étnicas estão sempre presentes em seu guarda-roupa, não deixando dúvidas de seu orgulho em relação às suas origens.

É ela a autora da famosa palestra do TED sobre feminismo que já recebeu mais de 1,5 milhão de visualizações no YouTube e teve trechos mus cados pela Rainha Beyoncé em "Flawless". Sua linguagem é leve e didática, cheia de exemplos práticos de quem vive na pele as opressões de uma sociedade ainda muito machista.

> A questão de gênero é relevante em qualquer canto do mundo. É importante que comecemos a planejar e sonhar um mundo diferente. Um mundo mais justo. Um mundo de homens mais felizes e mulheres mais felizes, mais autênticos consigo mesmos. E é assim que devemos começar: precisamos criar nossas filhas de maneira diferente. Também precisamos criar nossos filhos de maneira diferente.

JANE AUSTEN, O PRIMEIRO GRANDE NOME DA LITERATURA INGLESA MODERNA

Em uma leitura desatenta, a obra de Jane Austen pode parecer apenas um retrato condescendente da sociedade inglesa do século XVIII, tão provinciana e retrógrada. Mas a autora, nascida em 1775 em Hampshire, filha de um reverendo e de uma dona de casa, era bem mais esperta que isso. Ao retratar a busca de um bom casamento como forma de ascensão social, os incidentes do cotidiano e a sociedade da época, ela expunha as contradições daquele sistema e de seus personagens, tudo através de um texto delicioso, de humor refinado e cheio de ironia.

Suas obras mais famosas são *Orgulho e preconceito*, *Razão e sensibilidade* e *Emma* (que inspirou o clássico da Sessão da Tarde, *As patricinhas de Beverly Hills*!). Graças ao seu estilo, foi a responsável por encaminhar a literatura inglesa, hoje tão aclamada e importante, para a modernidade.

Claro que, como toda pioneira, Jane enfrentou a resistência dos editores da época (infelizmente!). *Orgulho e preconceito* ficou anos na geladeira até que decidissem publicar. E o livro só saiu porque *Razão e sensibilidade*, assinado com um pseudônimo, foi um sucesso.

Jane morreu jovem, aos 42 anos, mas sua obra sobreviveu ao tempo.

HEDY LAMARR, A DIVA CIENTISTA

Ela foi considerada "a mulher mais bonita do século XX", mas os elogios à sua beleza são poucos para definir Hedwig Eva Maria Kiesler. A atriz austríaca, nascida em 1914, não pode e nem deve ser reconhecida pelo seu belo rosto e por suas curvas. Estrela do clássico *Sansão e Dalila*, e responsável por protagonizar a primeira cena de orgasmo feminino de Hollywood (atitude!), ela também era cientista amadora.

Se você é viciada no seu smartphone, agradeça a Hedy (obrigada, Hedy!). Se você não vive sem wi-fi, agradeça a Hedy (obrigada, Hedy!). Bluetooth? Obrigada, Hedy! E sabe como ela conseguiu isso? Criando um sistema de decodificação de dados para ajudar os aliados durante a Segunda Guerra Mundial em parceria com o compositor George Antheil.

Mesmo assim, ela sofreu preconceito. Suas credenciais hollywoodianas fizeram com que as Forças Armadas americanas a desacreditassem, e seu invento, patenteado em 1942, só foi posto em prática quase 20 anos depois. Mas foi isso que possibilitou boa parte das tecnologias de comunicação de que dispomos hoje em dia.

Hedy sempre foi curiosa de carteirinha, e sempre quis ir além. Isso tudo sendo mãe de três filhos (e tendo se casado seis vezes), provando desde muito tempo que nada é impeditivo quando se é uma mulher determinada.

NISE DA SILVEIRA, PIONEIRA NA MEDICINA PSIQUIÁTRICA

Mulher. Nordestina. Nascida em 1905. Que resolveu fazer faculdade de Medicina. Nise da Silveira entendia muito bem o que significava ser parte de uma minoria. Admitida na Faculdade da Bahia aos 16 anos, ela foi a única mulher de sua turma de 157 homens, numa época em que mulheres eram, no máximo, enfermeiras. Formada aos 21 e especializada em psiquiatria, estudou a fundo outras minorias: mulheres presas em uma cadeia de Salvador.

Ainda jovem, mudou-se para o Rio de Janeiro, onde passou a frequentar o meio artístico. Durante 6 anos, trabalhou no Hospital da Praia Vermelha, na bela Urca, hoje refe-

35

rência em tratamentos mentais — Nise já era contra os métodos violentos usados para tratar os doentes na época. Em 1936, foi acusada de comunista por conta de sua militância na União Feminista Brasileira e acabou presa. Passou 16 meses na cadeia, ao lado de nomes como o escritor Graciliano Ramos, e permaneceu oito anos afastada do Serviço Público.

Em 1944 foi anistiada e voltou ao serviço no Centro Psiquiátrico Nacional (que hoje recebe o nome de Instituto Municipal Nise da Silveira!). Foi nessa época que se confrontou com os horrores dos tratamentos psiquiátricos mais comuns, como os eletrochoques e lobotomia. Por ser contra o que toda a classe médica acreditava como verdade, acabou transferida para o centro de Terapia Ocupacional, menosprezado por seus colegas.

Do limão, fez limonada. E foi assim que chegou na arte como meio de inclusão, além de ter sido pioneira nos estudos das relações emocionais entre pacientes e seus bichinhos de estimação. Nise revolucionou este tipo de terapia. Em 1946 criou o Setor de Terapêutica Ocupacional e, no lugar de tarefas de limpeza e manutenção do hospital, colocou-os em ateliês de pintura e modelagem, para que os pacientes se manifestassem através da criatividade. Em 1952 criou o Museu de Imagens do Inconsciente para preservar e expor as obras produzidas por seus pacientes. Até hoje, quase duas décadas após sua morte, é considerada um dos grandes nomes da psiquiatria mundial.

Mais Mulheres inspiradoras da história

LEILA DINIZ (1945-1972)

Nascida em 1945, tornou-se o símbolo da mulher independente e moderna da sua geração. Em plena década de 1960, quando o Brasil estava mergulhado nas trevas da ditadura militar, Leila ganhou fama de livre e corajosa ao passar por cima de preconceitos e hipocrisias.

JOANA D'ARC (1412-1431)

Em 1429, comandou tropas francesas na batalha de Orleans. Em 1430, foi capturada por borgonheses e acusada de bruxaria e crimes contra a Igreja. Aos 19 anos, foi queimada viva. Quinhentos anos depois de sua morte, em 1920, foi canonizada como Santa Joana D'Arc. Dois anos depois foi declarada padroeira da França.

CHIQUINHA GONZAGA (1847-1935)

Em pleno império de D. Pedro II, ela mostrou que as mulheres podiam tocar instrumentos, reger orquestras e compor tão bem quanto os homens. O temperamento libertário e a teimosia de seguir em frente com sua carreira transformaram Chiquinha em uma pioneira do feminismo brasileiro.

AMELIA EARHARt
(1897- desaparecida em 1937)

Primeira mulher a cruzar o Oceano Atlântico pilotando um avião sozinha. Teve vários empregos — entre eles, motorista de caminhão e funcionária de uma companhia telefônica — para juntar dinheiro e poder ter aulas de pilotagem com Anita "Neta" Snook, uma aviadora.

MARIE CURIE (1867-1934)

Entre vários outros prêmios, recebeu o Prêmio Nobel de Física pela descoberta dos elementos radiativos rádio e polônio, em 1903, e, em 1911, o Nobel de Química, tornando-se a primeira pessoa a receber duas vezes esse prêmio.

FREYA STARK (1893-1993)

Viajante, exploradora e escritora britânica. Foi uma das primeiras ocidentais a viajar pelos desertos da Arábia e era fluente em árabe, bem como em diversas outras línguas. Escreveu diversos livros sobre suas aventuras.

COCO CHANEL (1883-1971)

Gabrielle Bonheur Chanel é a única estilista na lista das 100 pessoas mais importantes do século XX, segundo edição da revista *Time*. Mais do que a construção do império Chanel, Coco libertou a silhueta feminina dos espartilhos, introduziu peças masculinas no vestuário feminino, trouxe o infalível "pretinho básico", e foi responsável pelos perfume e corte de cabelo mais clássico de todos os tempos.

FRIDA KAHLO (1907-1954)

Pintora mexicana, a vida de Frida foi marcada por doenças, acidentes e lesões que influenciaram em definitivo sua obra. Autora de quadros que bateram recordes em leilões e são destaque nos maiores museus do mundo, Frida Kahlo é tema de filmes, peças, nome de lojas, e tornou-se um ícone da cultura pop.

MARIA QUITÉRIA (1792-1853)

Tal qual a Mulan, personagem de um filme da Disney baseado na lenda de Hua Mulan, Maria Quitéria de Jesus precisou se disfarçar de homem para se alistar no exército. Símbolo da resistência baiana e heroína da Guerra da Independência, foi a primeira mulher a entrar em combate pelo Brasil.

ADA LOVELACE (1815-1852)

Matemática e escritora, a condessa de Lovelace é considerada a primeira programadora da história. Suas notas sobre a máquina analítica de Babbage, reconhecida como um dos primeiros modelos de computador, inspiraram o trabalho de Alan Turing.

Muitas leitoras dizem que visitam nossos blogs para se inspirar ou que somos uma inspiração para elas. Então deixamos aqui um espaço para que você possa listar outras mulheres que te inspiram no dia a dia.

O que não sai de moda

LIA

Somos bombardeadas de referências todos os dias. Seja nas revistas, nos blogs, na TV, no Instagram, no Snapchat, sempre surgem novos ícones de estilo e tendências infinitas. Pois saiba que é bem possível filtrar toda essa cachoeira de informações, evitando assim compras por impulso — como daquelas peças que só vão fazer volume no seu armário, te impedindo de enxergar as que realmente têm a ver com você —, que esvaziam seu cofrinho e aumentam a terrível sensação de "não tenho nada pra vestir" (quem nunca?).

Um jeito ótimo de resistir às tentações é apostar em coisas que nunca vão sair de moda. Uma calça jeans que te vista superbem, camisetas que reflitam seu estilo (você é dos neutros ou curte uma estampa fofa/cool/engraçada?), uma sapatilha ou um tênis, aquele vestidinho preto básico (e o básico de cada um varia muito, viu?), um batom vermelho poderoso, uma corrente delicada com pingente.

Tem estampas que nunca, nunca, nunca ficam datadas. Pied-de-poule, floral, poá, listras e xadrez deixam seus looks bem mais atraentes e são eternas. Quer deixar tudo mais interessante? Combine-as entre si, basta que tenham uma cor em comum para compor uma produção bacana.

Optar pela compra consciente é bom para o seu bolso, para o seu armário (já falei ali em cima, armário entulhado não te permite enxergar o todo) e para o meio ambiente (pense em quanto lixo cada compra gera: sacos, embalagens, material promocional...).

Seja generosa: de tempos em tempos, dê uma boa olhada no seu armário para descartar aquilo que não faz mais sentido na sua vida. Roupas, sapatos e acessórios em bom estado podem render um bazar na internet ou até em casa (pra você fazer um dinheirinho), uma troca com amigas, parentes ou conhecidas, ou mesmo a doação para quem precisa.

Isso nunca sai de moda.

Estilo

MEL

Não acho que meu estilo possa ser definido por uma única palavra, afinal, gosto de usar peças com as quais me identifico e que façam com que eu me sinta bem. Me encanta um ar antiguinho, quase inocente, que remete a tempos passados, então me identifico bastante com o estilo lady like.

Um ar vintage e retrô, muito feminino, que abusa dos vestidos e das saias, preferencialmente rodadas e lápis. Estampas delicadas, principalmente florais e poás; rendas; acessórios e sapatos clássicos — modelo Oxford e sapatilhas de bico arredondado são os meus favoritos. Amo!

As minhas principais referências são os anos 1940 e 1950 — especialmente o new look de Christian Dior em 1947 —, Audrey Hepburn e Grace Kelly.

Cintura marcada

Esta é uma das principais características desse estilo. Pode ser com um cinto fininho e delicado ou até na própria modelagem da blusa ou do vestido.

Acessórios

Além das pérolas, use correntes e pingentes pequenos para complementar o visual, mantendo tudo em harmonia para que não roubem a cena.

Colar de pérolas

Eternizado por Chanel e Audrey (nunca é demais falar dela!) em *Bonequinha de luxo*, um colar de pérolas ajuda a arrematar e a sofisticar um look clean, tipo jeans e camiseta.

Cardigã

Outro item popularizado por Mademoiselle Chanel, o casaquinho abotoado nunca saiu de moda. Clássico, vem em diversos comprimentos, cores e materiais.

Enquadrar postais antigos

Um bom jeito de deixar seu cantinho mais aconchegante é pendurar vários quadrinhos na parede, formando um grande mosaico. Para compor seu mural, busque por postais antigos em mercados de pulgas e enquadre com molduras também com carinha de antigas.

Encapar livros com tecidos florais

Outro charminho para a casa pode ser encapar livros antigos, desses de capa dura, com tecidos florais. No blog você encontra o passo a passo!

Aposte em móveis antigos

Ou com cara de antigos. Vale reformar aquelas poltronas de brechó, estofando com tecidos estampados ou pintando em tons pastel. Quem nunca quis uma penteadeira? Pés palito? Sim! Geladeiras vintage podem servir como objeto de decoração, fazendo às vezes de armários.

Mais decoração antiguinha

Objetos antigos ajudam a decorar seu canto. Máquinas fotográficas, malas, globos terrestres, mapas, louças... tudo isso também pode ser encontrado em feirinhas e mercados de pulgas.

Pratos fora da mesa

Pratos decorados são ótimos para enfeitar paredes e dão um charme antiguinho à casa.

49

Capriche no penteado

Coques, acessórios tipo lenços e casquetes, ondas volumosas; tudo isso ajuda a dar uma cara retrô aos seus looks. Corte de cabelo chanel também superfunciona. Quer fazer um penteado clássico, fácil e supereficiente? Coloque uma headband no topo da cabeça, deixando apenas a parte da frente dos cabelos solta, e a parte de trás toda alinhadinha. Separe uma mecha da lateral da cabeça e puxe para trás, enrolando e passando por cima do elástico, onde você vai prendê-la, colocando as pontas para dentro. Faça isso dos dois lados até cobrir todo o elástico. A parte da frente, você pode prender mais solta no elástico ou fazer uma trança!

E a maquiagem?

Use e abuse do delineador no estilo gatinho, que pode ser mais fininho, mais grosso, mais dramático ou mais discreto: fica sempre lindo. Bochechas rosadas e batons fortes como o vermelho e o rosa funcionam superbem aqui. Cílios postiços compridos e volumosos, à la Twiggy, completam o visual.

Vintage e retrô são muitas vezes usados como sinônimos. Mas vintage é algo antigo (tipo uma roupa ou acessório da sua mãe ou da sua avó) e retrô é uma releitura do passado, algo novo que foi inspirado numa referência antiga.

Dicas infalíveis

LIA

Um charme a mais: Seus looks só têm a ganhar com a tal da terceira peça. Vale quimono, casaco, colete, cinto bacana, colar statement, cardigã levinho. Com isso, sua produção parece mais completa, mais pensada e fica bem mais interessante.

Diga xis! Não precisa compartilhar nas redes sociais, mas o costume de tirar fotos dos looks, nem que seja na frente do espelho, ajuda muito. Você percebe o que funciona melhor no seu corpo e ainda tem um registro do que andou usando, o que acaba te levando a testar combinações diferentes em vez de repetir por preguiça de pensar.

Equilíbrio é tudo! Está achando seu look sério demais? Tente uma jaqueta jeans (mesmo amarrada na cintura) ou de couro. Se ele estiver mais descontraído do que você queria, um blazer ou casaquinho mais clássico resolve.

Planejamento é sempre bom: Sabe aquele papo de contar carneirinhos antes de dormir? Pois eu prefiro checar a previsão do tempo e, já na cama, pensar no look do dia seguinte. Além de relaxar e distrair (você não fica pensando em problemas sérios!), você não acorda perdida nem gasta tempo com isso.

Nunca diga nunca! Não existe roupa proibida. Esqueça as regras inventadas de que tal corpo não deve usar tal peça. Baixinha pode usar comprimentos longos, gordinhas podem abusar das estampas, mocinhas com seios maiores podem usar decotes. Resumindo, todo mundo pode usar o que tiver vontade, desde que escolha a modelagem ou combinação ideal para deixar o resultado harmônico.

Listas servem para tudo! E não só para suas séries e filmes favoritos. Se você se atrapalha na hora de comprar e acaba investindo nas peças erradas, experimente fazer listas antes de sair de casa, com base na observação do armário. No shopping, a gente esquece um pouco o que realmente está fazendo falta e acaba se apaixonando por coisas aleatórias que não necessariamente se encaixam no resto do seu guarda-roupa. Com a lista em mãos, você tem menos chances de se deixar levar pela emoção e evita compras por impulso.

Reúna referências, inspire-se! Salve fotos no seu computador, na nuvem ou monte boards no Pinterest com fotos que reflitam o(s) estilo(s) que você mais curte. Quando estiver montando um look, você pode consultar as imagens para copiar ou se inspirar!

Corpo e transtornos alimentares

MEL

Uma coisa que escuto e leio sempre do pessoal que me acompanha é *"Ai, Mel, eu amo ver que você tem um corpo de verdade"*. Sou uma garota normal, que batalha diariamente para a construção da autoestima, como tantas outras. Sim, hoje sou feliz e satisfeita com o corpo que tenho, mas lutei muito para isso e as inseguranças ainda existem, claro.

Infelizmente, vivemos em um mundo que ainda supervaloriza a magreza, mostrando mulheres magérrimas em capas de revista, vestindo aquelas roupas lindas, passando a (péssima) mensagem de que só é possível ser feliz se estiver dentro daquele padrão. A gente é bombardeada a vida inteira com esse pensamento! Não é fácil, não mesmo.

Essa pressão toda acaba levando muitas meninas a sofrer de transtornos alimentares. Desde os mais conhecidos, como anorexia (perda de peso excessiva provocada por uma autoimagem distorcida) e bulimia (o ato de comer em excesso e se livrar das calorias de forma errada, seja por vômito, laxantes, longos períodos de jejum ou exercícios), aos mais obscuros, como ortorexia (preocupação obsessiva pela qualidade dos alimentos) e vigorexia (a sensação de que não se é forte e musculoso o suficiente).*

Não sofro de nada disso, mas, às vezes, ainda preciso me lembrar de que amo meu corpo como ele é. Que atire a primeira pedra a menina que não para na frente do espelho e procura lugares onde pode ser mais esbelta. Já cheguei a ter crises de choro por me sentir horrorosa. E o que eu fiz? Arregacei as mangas.

Busquei uma academia, que era o tipo de exercício que mais fazia sentido para mim (para você pode ser natação, balé, luta, corrida, bicicleta, patins...). Exercício pode e deve ser prazeroso, senão a gente não segue, né? Pode parecer besteira, mas, além de manter o corpo são, exercícios físicos são importantíssimos para colocar a cabeça no lugar. Minha ansiedade diminuiu e, graças também a isso, passei a comer menos porcarias. Quanto mais cuidamos do nosso corpo, vivendo uma vida saudável, menos prazer temos em comer essas coisas!

Comendo menos porcarias, busquei reeducar meus hábitos alimentares, perdendo a frescura com um monte de alimento saudável. Quem disse que eles não podem ser gostosos? Isso sem nunca abrir mão do brigadeiro, porque senão a vida não é feliz, né?

Aprendi que ter um corpo perfeito não é ser supermagra, mas sim ter um corpo saudável e gostar dele.

*Se você por acaso se identificou com algum desses transtornos (ou identificou algum amigo/parente), é importante procurar ajuda médica e psicológica, pois são coisas sérias com riscos gravíssimos.

55

Dicas para um corpo perfeito (o seu!)

MEL

{ Corpo perfeito é aquele que você tem, certo? Certo! Compartilho aqui as dicas que me ajudam sempre a ser feliz comigo mesma.

Se sua alimentação não é boa, independentemente de você ser magra ou estar feliz com seu corpo, marque um horário com uma nutricionista! Sua saúde vai agradecer.

Beba água, muita água! Pelo menos 2 litros por dia. Eu sei que é difícil, mas ela é extremamente importante para o bom funcionamento do seu organismo. Para saber se você bebeu a quantidade "mínima", eu recomendo que você compre uma garrafinha de 500 ml e fique sempre com ela. Acabou a água, é só encher. Faça isso pelo menos 4 vezes por dia. ;)

Não passe fome! Nunca! Se você fica muito tempo sem comer, o organismo começa a armazenar gordura para tentar funcionar adequadamente!

4 Frutas são sempre uma boa ideia. O ideal é comer de 3 em 3 horas, então, entre as refeições, troque o pacote de bolacha recheada por uma fruta (ou mais).

5 Seja amigo dos vegetais e legumes. Sem eles o seu intestino não vai funcionar, e isso não é nada bom!

6 Não seja tão amigo (se possível, nem seja amigo) das frituras! Prefira alimentos assados. :)

7 Não deixe de comer aquele cupcake ou aquele chocolate se você estiver com vontade. Apenas tenha moderação!

8 Exercícios físicos são extremamente importantes para o bem-estar físico e mental. Se você não está com dinheiro para ir à academia ou simplesmente não gosta do clima, arranje um jeito de se exercitar, seja correndo em um parque, na rua, ou jogando aqueles jogos de videogame que te colocam pra dançar! Uma ideia legal é chamar amigos para jogar vôlei, futebol (por que não?) ou qualquer outro esporte, mas essa prática tem que ser frequente, e não uma vez a cada 2 meses.

parte 4

Diy
e outras dicas

Moda e beleza

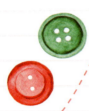

AQUELE SUÉTER LISO E SEM GRACINHA FICA LINDO SE VOCÊ COSTURAR CHARMS NELE!

Já usei pingentes de caveirinhas e pérolas. Aqui vale tudo. Pode medir a posição para deixá-los espalhados de maneira uniforme ou fazer no olhômetro. Dá pra colocar só na parte da frente, acumular nos ombros ou no colo, só nas mangas... o que você inventar! Basta escolher o enfeite que quiser e costurar com agulha e linha da cor do tecido. É mais fácil que pregar botão! Só lembre-se de que as futuras lavagens terão que ser a mão. // **MEL**

Guardando suas roupas

De que adianta comprar roupas legais se você não armazena direito? Com um armário bagunçado, você acaba não vendo tudo o que tem e não explora todas as possibilidades de criar um look incrível. A cada estação, verifique tuuudo o que você tem e faça uma boa limpa para vender em brechós (físicos ou online), repassar para as amigas ou doar. Organize o que sobrou em cabides (de preferência de veludo, que não deixam a roupa escorregar) e em gavetas. Toda vez que usar uma roupa, volte com ela para o armário com o cabide ao contrário, assim você visualiza mais fácil o que está usando demais (e consegue variar melhor) e vê o que não usa para se desfazer de vez! // **LIA**

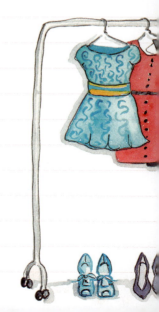

FAÇA SUAS PRÓPRIAS TIARAS

Já fiz dois modelos, de flores e com pérolas. Para a primeira, você vai precisar de uma tiara, fita de rosas com tule (à venda em armarinhos e lojinhas do tipo), tesoura, cola quente, prendedor de cabelo ou grampo. Posicione a fita sobre a tiara e prenda a ponta com o grampo. Passe cola quente na tiara, na altura onde ficarão as rosas, e vá colando a fitinha até o fim. Cuidado para não se queimar!

Para a versão com pérolas, você vai precisar da tiara e das pérolas, claro, de fio de silicone e tesoura. Coloque as pérolas no fio, deixando uma boa quantidade sobrando em uma das pontas, em que você vai dar um nó. A quantidade de pérolas vai variar de acordo com o tamanho delas (eu usei aproximadamente 50). Para prender na tiara, vá passando a sobra do fio entre todas as pérolas, até o fim, e finalize com um nó duplo. // **MEL**

Organize as bijus

Que atire a primeira pedra quem nunca se irritou com um colar enroscado ou um brinco sem par. Cole ganchinhos autoadesivos na porta do seu armário para pendurar os colares. Aqueles pratos para doces da vovó também ficam lindos para deixar os itens que você mais usa à mão. Formas de gelo servem para guardar brincos! E, para as pulseiras e relógios, use garrafas vazias. // **LIA**

Arrume a gaveta de lingerie!

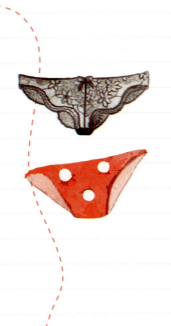

Tire tudo de dentro dela e espalhe sobre a cama. Separe o que fica e o que vai embora (aposto que vai ter coisa para desapegar!). Descarte sem dó o que você não usa faz tempo, que desbotou, que o elástico alargou, peças furadas... Depois, concentre-se no que fica. Prefira guardar sutiãs de bojo abertos e enfileirados. Se não der, junte um bojo com o outro e guarde em pé, evitando amassar (e jamais vire do avesso, estraga). Quanto às calcinhas, basta dobrar. Facilita muito usar organizadores em forma de colmeia. Se o dinheiro estiver curto, faça o seu cortando pedaços de caixa de sapato ou até potes de sorvete. Para ficarem mais bonitinhos, vale encapar com papel contact ou tecido. // **LIA**

Organize esmaltes e batons!

Tem muitos? Compre daquelas paletas baratinhas de plástico que imitam unhas, pinte com todos os tons de esmalte e, atrás, use uma caneta permanente para anotar um número, que você vai anotar também no vidrinho do esmalte. Facilita muito ver tudo de uma vez só (e te ajuda a desapegar dos tons parecidos)! Com os batons é ainda mais simples: pegue um caderninho com folhas mais grossas e marque as folhas com o batom, anotando o nome e a marca (pela marca fica mais fácil achar a embalagem, né?). Eu separo as cores por páginas: vermelhos, nudes, roxos... // **LIA**

Não tem onde guardar tanto par de sapato?

Que tal usar uma estante de livros? Os pares ficam à vista, organizados e arejados! // **LIA**

PULSEIRAS DE PÉROLAS E RENDA PARA UM LOOK MAIS FOFO

Você vai precisar de tiras de renda, pérolas, fio de silicone e tesoura. Só. Daí basta passar o fio pelos furinhos da renda, colocar uma pérola, passar novamente, cobrindo a pérola, até encaixar o número ideal para o seu pulso. Corte a renda (mas não muito rente para ela não escapar do fio), dê uns três nós para prender bem, corte o que sobrou e pronto! Você pode deixar a pulseira só com as pérolas e a renda, colocar um pingente ou então fazer um laço de renda. Fica lindo! // **MEL**

Decoração

Plantas dão um up em qualquer ambiente e obviamente deixam a casa mais viva! Suculentas são lindas e ideais pra gente, que faz mil coisas ao mesmo tempo e não tem tempo de ficar cuidando. Para plantá-las, escolha um vasinho decorado em que caiba a sua plantinha, cubra o furinho do fundo com uma tela própria para jardinagem (não impeça a passagem da água, ela precisa escoar pelo vaso) e depois coloque cascalho. Só então despeje terra e plante a mudinha, cobrindo-a até quase o topo do vaso. Feito isso, deposite pedrinhas que vão evitar que as folhas fiquem em contato com a terra e apodreçam. Em seguida é só limpar e pronto! // **MEL**

Dicas: Lembre-se que suculentas também precisam de atenção no inverno. É bom regar no máximo duas vezes por mês quando está frio e uma vez por semana no verão. Ah! Um pouquinho de sol também é importante. Algumas espécies vivem bem com luz indireta e outras preferem e precisam de algumas horas ao sol. // **MEL**

Fitas servem para tudo na hora de decorar seu cantinho! As hypadas washi tapes coloridas podem substituir os papéis de parede; é só criar os grafismos que sua imaginação permitir na parede. A vantagem é que elas são feitas de papel de arroz e não estragam a tinta, então quando enjoar é só trocar! Sabe aquela fita isolante que a gente usa pra consertos na casa? Ela também pode servir para enfeitá-la: corte pedacinhos em tamanhos iguais e espalhe pela parede formando sinais de +, x ou =. Fica lindo! Papel contact, aquele autoadesivo, rende os mais variados detalhes, como bolinhas! // **LIA**

Ter um cantinho para trabalhar ou estudar faz toda diferença. Um ambiente diferente alimenta a nossa criatividade, né? Vale montar um muralzinho (pode ser na parede mesmo, usando washi tape) com coisas que te inspiram. Sempre deixe livros à mão. O quadro negro é uma boa solução para anotações importantes e lembretes (dá pra comprar pronto ou pintar um pedaço da parede com tinta lousa!). Já as plantinhas e flores harmonizam o ambiente e o deixam ainda mais leve: reza a lenda que elas superajudam na concentração. // **LIA**

Foi-se o tempo em que furadeira era coisa de menino. A gente pode e deve usar o equipamento pra pendurar coisas pela casa. Mas tem certos objetos que ficam muito mais charmosos fora das paredes. Que tal apoiar seu espelho de corpo inteiro ou quadros maiores no chão? Com preguiça de pregar prateleiras? Use escadas ou empilhe caixotes de feira para um efeito supercharmoso. // **LIA**

Papel de parede? Que tal fugir do convencional e aplicá-lo no teto? Assim você realça um dos lugares mais esquecidos na hora da decoração e dá todo um clima bacana ao seu cantinho; fica bem moderno. Só cuidado para não destoar do resto, OK? // **LIA**

Organização

MEL

Sempre fui uma pessoa muito organizada (até demais!), mas sou humana e confesso que às vezes deixo esse meu lado Monica Geller um pouco adormecido, e a bagunça surge. O bom é que não demora muito para que isso comece a me incomodar e a necessidade de dar um jeito e colocar tudo de volta em seu respectivo lugar volte à tona.

Organização é algo simples e que faz muita diferença. Claro que cada um se sente confortável em um tipo de ambiente, e existem aquelas pessoas que funcionam melhor quando a escrivaninha está cheia de coisas, mas há também quem se sinta perdida, sobrecarregada e sem motivação quando a vida está desorganizada. Eu sou assim, e essas são pequenas atitudes que me ajudam muito quando preciso dar uma arrumada na vida:

De tempos em tempos, faça uma limpeza no seu ambiente: quem tem muitas gavetas, cômodas e armários sabe o quanto é fácil acumular. A quantidade de lixo que produzimos diariamente é absurda, desde o panfleto que pegamos na rua até um papel com anotações que foram importantes um dia. Muitas vezes é mais fácil simplesmente pegar tudo e enfiar em uma gaveta para tirar da nossa vista do que jogar no lixo. Portanto, é ideal fazer uma limpeza semanal ou mensal (dependendo da sua correria) para descartar, vender ou doar tudo aquilo que não é mais necessário. Na hora pode ser chato e cansativo, mas juro que a sensação de leveza e alívio compensa. Para tornar a atividade mais legal, você pode montar uma playlist animada para ser a sua trilha sonora.

Use uma agenda: com o avanço tecnológico, as pessoas têm deixado de lado o hábito de usar agendas, mas o bom é que, até quem não gosta da versão clássica de papel, pode ter uma online, tão completa quanto, só que mais "leve" e portátil. O meu lado #aloucadapapelaria não me deixa abandonar a boa e velha agenda de papel, mas também tenho no celular aplicativos com várias funções legais de organização. Criar o hábito de usar uma agenda, além de nos ajudar a manter tudo organizado, nos permite ter um registro das atividades diárias e melhora a memória.

Estabeleça prioridades e um intervalo de tempo para suas atividades: quando for montar sua listinha, recomendo que anote primeiro tudo o que você precisa fazer e depois organize todos os itens em ordem de prioridade (você pode criar um sistema de cores, por exemplo, deixando o que for mais urgente em vermelho e o que não for tão prioritário em azul-claro). Coloque também o tempo necessário para realizar a tarefa e a hora que você poderá executá-la. Assim fica mais fácil não deixar as tarefas mais importantes de lado nem dedicar muito tempo a uma atividade e prejudicar a execução das outras. Esse cuidado faz muita diferença.

Planeje o dia na noite anterior: tire por volta de meia hora da sua noite (um pouco antes de dormir ou assim que finalizar as tarefas do dia) para fazer uma lista com tudo o que você precisa fazer no dia seguinte. Além de te ajudar a não começar o dia sem saber o que fazer, ela vai te permitir render muito mais. Não se esqueça de fazer o sinalzinho de "check" sempre que conseguir finalizar um dos itens da lista. Isso nos mantém motivados, pois conseguimos ver resultado e progresso.

Inclua na sua rotina um tempo para relaxar todos os dias: não adianta se organizar e trabalhar o dia inteiro. É importante fazer pequenas pausas para descansar o cérebro e o corpo, além de ter um tempo dedicado exclusivamente para fazer algo que não tenha relação com trabalho ou estudos. Inclua pequenos hobbies no dia a dia como ler alguns capítulos de um livro, assistir a uma série ou a um filme, visitar seus blogs favoritos, brincar com seu animal de estimação, fazer exercícios... Sem isso, vai chegar uma hora que o estresse vai ser tão grande que prejudicará o seu desempenho e poderá até trazer problemas (graves) de saúde.

Tenha um caderno de ideias: pode ser físico ou no smartphone, mas mantenha algo do tipo sempre por perto. Muitas vezes nos sentimos inspirados e pensamos em coisas que parecem muito boas, mas deixamos para anotar depois e acabamos esquecendo. O fato de a ideia ter sido anotada não quer dizer que ela deva ser executada o mais rápido possível, mas sim que você pode ficar tranquila porque ela não irá se perder.

71

Receitinhas

MEL

Conta pra gente quando testar nossas receitas?! Basta postar uma foto no Instagram com a hashtag #livroliaemel

Red velvet whoopie pie

A whoopie pie é um misto de bolo, torta e cookie. E meu sabor preferido é o red velvet.

INGREDIENTES PARA A MASSA

2 1/2 xícaras de farinha de trigo
1/2 xícara de cacau em pó
1 colher (chá) de fermento em pó
1/2 colher (chá) de bicarbonato de sódio
1/2 colher de (chá) de sal
1/2 xícara de manteiga sem sal em temperatura ambiente
1/2 xícara de gordura vegetal
1/2 xícara de açúcar mascavo
1 xícara de açúcar granulado
2 ovos grandes
2 colheres (chá) de essência de baunilha
14 ml de corante vermelho
1 xícara de buttermilk
(buttermilk = 1 xícara de leite + 1 colher de sopa de vinagre ou suco de limão; deixar descansar por 10 minutos)

MODO DE PREPARO DA MASSA

Em uma tigela, peneire a farinha de trigo, o cacau, o fermento, o bicarbonato de sódio e o sal. Misture bem. Pré-aqueça o forno a 180oC e unte e forre a(s) assadeira(s) com papel manteiga. Reserve.

Na batedeira, misture a manteiga, a gordura vegetal, o açúcar mascavo e o açúcar granulado, também peneirados, na velocidade baixa até ficarem misturados. Aumente a velocidade para média e bata por 5 minutos até formar uma massa fofa. Acrescente os ovos um a um e misture bem. Adicione a baunilha e o corante, depois bata até ficar bem homogêneo.

Acrescente nessa mistura metade do conteúdo da tigela que foi reservada e metade do buttermilk. Bata em velocidade baixa até ficar homogêneo, então acrescente aos poucos o restante. Despeje a massa em uma assadeira própria para muffins. Leve ao forno e deixe assar por 10 minutos ou até o topo ficar firme. Depois, retire a assadeira e deixe "descansando" por 5 minutos. Retire os bolinhos e deixe esfriar.

INGREDIENTES PARA O RECHEIO

3 xícaras de açúcar de confeiteiro
1/2 xícara de manteiga sem sal
em temperatura ambiente
3 a 4 colheres (sopa) de
creme de leite fresco
1 colher (chá) de essência de baunilha
1 pitada de sal
1 colher (chá) de canela

MODO DE PREPARO DO RECHEIO

Na batedeira, misture (começando na velocidade baixa até atingir a média) o açúcar de confeiteiro com a manteiga até formar uma "farofa" (leva mais ou menos 1 minuto). Adicione o creme de leite, a baunilha, o sal e a canela, batendo por aproximadamente 3 minutos, até ficar homogêneo.

Depois é só rechear os bolinhos e pronto!

Butter Beer

Lia e eu amamos *Harry Potter* e é claro que já tentamos fazer Butter Beer, ou Cerveja Amanteigada, em casa. São inúmeras as receitas disponíveis, algumas com álcool e outras sem. Misturei várias delas e cheguei a essa aqui, que divido com vocês (e tá mais pra milk-shake :)).

INGREDIENTES

250 gramas de sorvete de baunilha
2 colheres (sopa) de manteiga
8 colheres (sopa) de calda de caramelo
400 ml de leite integral
1/2 colher (chá) de canela
1/2 colher (chá) de cravo

Também um pouquinho de corante alimentício amarelo e laranja — para deixar a cor mais bonita.

MODO DE PREPARO

Derreta a manteiga em banho-maria e espere esfriar.
Adicione todos os ingredientes no liquidificador e bata por 3 minutos.
Sirva quente ou frio.

Chocolate quente

Uma das coisas que mais gosto de fazer no inverno é esquentar as mãos – e a pancinha – com chá ou chocolate quente. Já testei várias receitas, e essa aqui é a minha preferida.

INGREDIENTES

2 xícaras (chá) de leite integral
1 caixa de creme de leite
3 colheres (sopa) de chocolate em pó
4 colheres (sopa) de açúcar
2 colheres (sopa) de amido de milho
1/2 colher (chá) de canela

MODO DE PREPARO

Em um liquidificador, bata o leite integral, o chocolate, o açúcar e o amido de milho. Após misturar, despeje em uma panela e adicione a canela enquanto mexe em fogo baixo até ferver. Desligue, adicione o creme de leite e mexa bem até ficar homogêneo. Pronto! É só servir. Eu gosto de usar marshmallows pra enfeitar (e comer depois, claro).

Sobremesa Serendipity Cloud

Essa foi uma criação conjunta com o Gui, meu irmão e colaborador do meu blog, com o que tínhamos em casa. O resultado ficou ótimo!

INGREDIENTES

1 colher (sopa) de creme de leite de caixinha
1 colher (sopa) de creme de leite fresco
5 marshmallows
75 ml de leite integral
50 g de chocolate meio amargo
1/2 colher (chá) de essência de uva
1 ou 2 gotas de corante alimentício (escolhemos roxo para combinar com a essência)
Chantilly

MODO DE PREPARO

Faça uma ganache com o chocolate derretido (em banho-maria ou no micro-ondas) e adicione o creme de leite. Misture bem e despeje no fundo de uma taça bem bonita.

A segunda camada é um creme de marshmallow, que você vai derreter em uma panela com o leite integral, sempre em fogo médio. Mexa delicadamente até a mistura ficar homogênea.

Enquanto ela esfria, bata o creme de leite fresco com uma batedeira até formar picos. Quando a mistura de marshmallow estiver fria, adicione-a ao creme de leite e mexa sem bater até misturar bem. Agora é só adicionar a essência de uva e o corante. Coloque na taça, sobre a ganache.

Deixe na geladeira por aproximadamente 3 horas (para que fique com a consistência de uma mousse), acrescente o chantilly e sirva.

Smoothie de framboesa e morango

Eu amo tomar chás, mas o calor nem sempre permite. Uma boa alternativa para o verão são os smoothies.

INGREDIENTES
120 ml de leite
120 ml de iogurte
3 colheres (sopa) de açúcar ou mel
8 morangos
10-15 framboesas
2 colheres (chá) de essência de baunilha
6 cubos de gelo

MODO DE PREPARO
Misture todos os ingredientes (menos os cubos de gelo) no liquidificador e, aos poucos, adicione o gelo. Depois é só colocar em um copo, decorar com uma fruta (eu coloquei framboesa, mas pode escolher qualquer uma de sua preferência) e servir.

Trufas de chocolate

Essas trufas são fáceis de fazer, gostosas e acompanham muito bem o chá da tarde ou café.

INGREDIENTES

300 g de chocolate meio amargo picado
100 ml de creme de leite fresco
1 colher (café) de essência de baunilha
Cacau em pó sem açúcar

MODO DE PREPARO

Ferva o creme de leite com a essência de baunilha e adicione o chocolate, mexendo devagar até virar uma ganache homogênea. Leve a mistura para a geladeira por 30 minutos (ou até ficar num ponto bom para fazer bolinhas). Forre um prato com papel manteiga e faça bolinhas com a massa, que vão voltar para a geladeira por mais 20 minutinhos. Depois, é só colocar o cacau em pó em um prato fundo, rolando as bolinhas sobre ele. Retire com um garfo e use uma peneira para retirar o excesso de cacau.

Biscoitinhos de fécula

Nada melhor que ter um biscoitinho gostoso pra acompanhar um chá quentinho.

INGREDIENTES

200 g de fécula de batata
200 g de farinha de trigo especial
250 g de açúcar
200 g de manteiga em temperatura ambiente

MODO DE PREPARO

Misture bem o açúcar peneirado com a margarina em temperatura ambiente até formar um creme.

Adicione a fécula peneirada, alternando com a farinha de trigo também peneirada, e misture bem!

Agora é hora de pôr a mão na massa! Depois de misturar bem todos os ingredientes, mexa a massa com as pontas dos dedos até que ela fique homogênea e que dê para modelar uma bola grande.

Pré-aqueça o forno em temperatura baixa, entre 160°C e 180°C.

Agora é hora de cortar os biscoitos! Pegue pequenas porções e as transforme em uma bolinha. Amasse, pegue um cortador de biscoitos no formato de sua preferência (eu uso um de coração!) e coloque os futuros biscoitos já moldados numa assadeira (que NÃO precisa ser untada, o biscoito já é manteiga pura!)

Lembre-se de deixar um bom espaço entre os biscoitos, pois conforme eles assam, tendem a crescer e achatar.

O tempo de cozimento vai depender do forno. Fique atento para quando eles começarem a cheirar. Tire do forno quando a parte de baixo estiver ficando "coradinha", sabe?

Coloque os biscoitos, ainda quentes, em uma travessa com açúcar também peneirado e misture de modo que todos fiquem cobertos por igual.

Tire o excesso de açúcar, espere esfriar e guarde num pote hermeticamente fechado. Eles duram até uma semana.

Panquecas coloridas

Pra que fazer panquecas tradicionais se elas podem ser cheias de cor? Sirva com chantilly, geleia, creme de avelã, sorvete, frutas, mel... ou mesmo com toppings salgados!

INGREDIENTES
1 xícara de farinha de trigo
1 xícara de leite
1 ovo
Corantes comestíveis
Manteiga para untar

MODO DE PREPARO
Coloque a farinha, o leite, o ovo e o sal em um recipiente e misture com a ajuda de um fouet.
Separe a mesma medida (uma concha aproximadamente) em potinhos e misture com os corantes escolhidos. Unte uma frigideira antiaderente com manteiga e, depois, coloque a mistura nela. Faça isso em fogo médio e, com a ajuda de uma espátula pequena, não deixe a mistura "esparramar". Ah, não se esqueça de virar para não deixar o outro lado cru!
A cada porção, volte a untar a frigideira até todas estarem prontas.

Bombom aberto de uva

Uma das minhas sobremesas favoritas! Amo o fato de ela ter três camadas, uma delas de fruta. Faz com que eu me sinta menos culpada. :P

INGREDIENTES

Uvas sem caroço (ou morangos, se preferir)
1 lata de leite condensado
2 gemas de ovos
1 colher (chá) de manteiga
250 g de chocolate para a cobertura (pode ser ao leite, meio amargo ou uma mistura dos dois, fica uma delícia de qualquer jeito!)
1 caixa de creme de leite

MODO DE PREPARO

Em uma panela, faça um brigadeiro branco misturando o leite condensado, a manteiga e as gemas passadas por uma peneira. Misture bem para que as gemas não cozinhem, e até que a mistura solte do fundo da panela.
Depois, derreta o chocolate no micro-ondas e misture com o creme de leite. Em uma taça, coloque as uvas já lavadas, cobrindo o fundo.
Acrescente o brigadeiro branco por cima e depois o chocolate.
Cubra com filme plástico e leve à geladeira por algumas horas.

Viajando

Como fazer a mala e o que levar no nécessaire

LIA

Preciso confessar que adoro o processo de preparação da mala. Pra mim não são roupas sendo empilhadas, mas sim um aquecimento da viagem, quando começo a visualizar os passeios que farei e os cenários por onde vou passar. O ideal é fazer a mala poucos dias antes da viagem. Assim, você já encontra na internet a previsão do tempo do seu destino durante a estadia e ainda tem tempo de acrescentar coisas que você possa ter esquecido. Nada como uma noite de sono para ajudar a gente a se lembrar de que não colocou a escova de dentes na mala (vale também manter sempre uma listinha com o essencial)!

Você deve responder a três perguntas básicas antes de começar a arrumar sua mala:

Quantos dias a viagem vai durar?

É importante calcular o tempo de estada no local para se ter uma ideia da quantidade de looks... e do número de calcinhas que você vai precisar levar!

Mais do que a estação do ano, vale checar a previsão do tempo para saber se você vai pegar chuva, frio com neve, sol forte... Dá para improvisar looks, mas não tem como fazer milagre se você errar totalmente nas escolhas.

Qual o clima da cidade?

Haverá alguma ocasião especial?

Se você tiver planos que exijam trajes diferentes, precisa ter isso em mente durante o processo. Exemplos: se vai praticar algum esporte, se vai a alguma festa ou balada, se tem planos de ir à praia ou à piscina...

Conselho de blogueira para quem quer arrasar nos looks do álbum de viagem:

Dá um pouquinho de trabalho, mas vale muito a pena pensar nos looks completos, vesti-los e fotografá-los na frente do espelho antes de fazer a mala, em vez de simplesmente sair jogando peças do guarda-roupa lá dentro. Dessa forma você fica sabendo se as combinações realmente funcionam e ainda economiza tempo na viagem, já que os looks foram pensados. Numa viagem, seu tempo vale ouro! Além disso, essa tática reduz as chances de você levar peças de roupa e acessórios à toa, que só ocupam espaço na mala e te fazem carregar mais peso.

A bagagem em uma viagem internacional

Cada companhia aérea cria suas regras, então sempre verifique o site depois que já tiver comprado suas passagens. Geralmente, os requisitos para quem vai do Brasil para o exterior não variam muito disso aqui, ó:

Bagagem que vai ser despachada

- 2 malas grandes com até 32kg cada: Isso é coisa para caramba! É dentro delas que vai a maioria das suas coisas, especialmente roupas e itens de beleza e higiene pessoal. Existem alguns itens que só podem ir dentro dessas malas, por questões de segurança: cosméticos líquidos em spray ou em gel com mais de 100ml (no total), objetos cortantes ou pontiagudos (como uma tesoura) e isqueiros.

Normalmente, quando você faz check-in no aeroporto, você se despede das malas e só volta a encontrá-las quando desembarca no seu destino. É importante que elas estejam fechadas com cadeados com senha para que ninguém abra enquanto ela não estiver com você. Também é bom colocar uma etiqueta de identificação com seus dados para caso de extravio.

As malas vão chegar para você de volta em uma esteira com todas as malas do avião e, acredite, pode ser difícil localizá-las. Experimente decorá-las com fitas amarradas, adesivos e outras coisas que ajudem a destacá-las de longe e em movimento.

Bagagem de bordo

• 1 mala pequena com até 5 kg (isso pode variar em voos domésticos internacionais; vale sempre verificar antes no site da companhia aérea). Essa mala irá com você no avião, no compartimento acima das poltronas.

• 1 item pessoal, que pode ser uma bolsa, um laptop, um instrumento musical... Esse vai no seu colo, no chão embaixo do banco à sua frente, ou no compartimento superior, se couber. Eu gosto de levar uma mochila ou uma bolsa grande, para carregar tudo do que eu possa precisar.

É importante que você leve na bagagem de bordo o que considera mais valioso e delicado, pois essas coisas ficarão com você o tempo todo. Equipamentos eletrônicos, joias, papéis importantes, dinheiro, documentos... Tudo vai com você! No quesito "delicado", sempre penso na minha paleta de sombras que não quero que corra o risco de espatifar.

Na bolsa de mão também convém levar remédios de que você possa precisar, carregador de celular, fone de ouvido, máscara para dormir, casaco e um par de meias para quem morre de frio lá em cima, óculos de sol ou para leitura, uma encharpe para o pescoço, um livro...

Comprando a mala

Minha mala favorita é uma de tecido que abre no topo, pois ela comporta mais coisas do que aquelas duras que abrem na metade. Se eu ainda puder ser mais específica, fujo de preto ou cinza, pois são as cores mais comuns. Não é vaidade! Quando as malas de todos os passageiros estão juntas, vindo na esteira, você vai ficar maluca tentando descobrir qual daquelas 300 malas pretas é a sua!

Fazendo a mala

Na hora que estiver enchendo a mala, experimente dobrar as peças o menos possível. Isso mesmo, dá para abrir uma camiseta inteira no fundo da mala, ou esticar bem um vestido e dobrar apenas a barra. Isso vai gerar mais espaço livre e garantir que as roupas fiquem menos marcadas/amassadas do que se você dobrá-las em quatro partes.

Deixe na parte de baixo, mais perto das rodinhas, os itens mais pesados, como sapatos, pois quando você levantar a mala, tudo se ajeita caindo para essa direção.

Dica:

O conselho mais precioso que eu poderia dar: não leve muita coisa! Isso é muito importante, pois mesmo que pareça difícil acreditar (olhando a mala em casa), no decorrer da viagem, ela vai lotar rapidinho e você vai se arrepender de cada coisa que levou à toa!

Muita coisa costuma ser mais em conta fora do Brasil, então acredite, você vai precisar de espaço! Só não esqueça da cota de 500 dólares em viagens internacionais (mas bens de consumo pessoal como roupas e cosméticos não entram na cota desde que usados na viagem).

Se vai viajar com uma amiga, troque acessórios e peças com ela. Pode ser divertido pegar emprestado um pouco do estilo dela, trocando casacos, sapatos ou óculos de sol.

Look do avião

Foi-se o tempo em que viajar de avião era um acontecimento social que exigia um traje superarrumado. A regra agora é conforto. Opte por roupas de tecidos maleáveis, quentinhos, e um sapato que não aperte seu pé caso ele inche com a altitude (vale também escolher sapatos fáceis de tirar e calçar; você provavelmente vai precisar ficar descalça no raio-x do aeroporto). Portanto, nada de jeans grosso, salto, bota longa apertada, jaqueta justa...

Também é legal pensar que as peças que estão no seu corpo podem combinar com as da mala, possibilitando formar outros looks durante a viagem.

Nécessaire

Eu costumo dividir meus produtinhos em dois nécessaires: um que vai comigo no avião e outro que vai na mala despachada.

No avião, nossa pele e nossas mucosas ficam ressecadas e, se o voo for longo, você vai precisar de alguns itens de higiene. Só que, em voos internacionais, é proibido levar quantidades grandes de líquidos ou sprays, então alguns produtos têm que estar na mala a ser despachada para você não correr o risco de precisar jogar fora sua base favorita no aeroporto. Com essas coisas em mente, faço minha divisão.

Nécessaire da bolsa de mão: hidratante para mãos, colírio, lip balm, escova e pasta de dentes, lencinhos umedecidos (servem para tudo! Limpar as mãos, tirar a maquiagem, fazer a higiene íntima), lencinhos de papel, protetor diário ou absorvente, soro para o nariz (tudo em tamanho pequeno!), álcool em gel e alguns itens básicos de maquiagem.

Nécessaire da mala: escova de cabelo, xampu e condicionador, desodorante, aparelho de depilar, tesoura, xampu a seco, touca de banho, grampos e elásticos, cortador de unha, cotonetes, lencinho removedor de maquiagem, protetor solar, o restante da maquiagem.

Se distraia para espantar a ansiedade*

Mesmo viajando bastante, confesso que sempre fico um pouco nervosa na hora de voar. Essa ansiedade é normal, mas você não pode deixar o medo superar a felicidade que é viver a experiência da viagem. O voo é só uma pequena parte de toda a alegria que conhecer um novo destino proporciona, então não se preocupe e mantenha o pensamento naquilo que realmente importa!

1 Leve na bolsa uma revista ou um livro e se concentre na leitura para distrair a cabeça. Voos mais longos costumam disponibilizar serviço de entretenimento com filmes e seriados, mas você também pode levar alguns no seu próprio tablet ou laptop.

3 Se está indo, foque na viagem: faça planos, anote as coisas que quer comprar, pense em tudo que vai ver... E se está voltando, pense no que te aguarda: sua casa, seus pets, namorado, família, amigos, trabalho... Rapidinho você estará com eles!

2 Algo pareceu estranho? Fique de olho nos comissários para se tranquilizar; comigo sempre ajuda!

4 Depois do raio X, sempre tem algum café. Eu gosto de comprar uma garrafinha de água e algum docinho para tomar/comer durante o voo sem depender do serviço de bordo.

Dicas de fotografia

MEL

Ao pisar no seu destino, é chegada a hora de desbravar desde os pontos turísticos (que você pode listar a partir de guias mais "tradicionais") aos cantinhos mais escondidos (e que tornam a sua viagem ainda mais especial). Pra isso, recomendo procurar em blogs e instagrams de pessoas que morem na cidade ou que já passaram por lá. Essa é uma ótima forma de descobrir e compartilhar lugares e dicas incríveis que não estão em um guia convencional. Nem preciso dizer que uma das coisas que mais amo quando estou visitando um lugar é criar novas lembranças e registrar muitas delas em fotos, né?

Como você deve saber, fotografia é um dos meus hobbies preferidos. Uma paixão que costumo dizer que começou quando ainda estava dentro da barriga da minha mainha. Nunca fiz curso (mas pretendo). Tudo que sei aprendi por experiência própria, brincando com a câmera e pegando dicas com amigos e na internet. Ou seja, todo mundo pode aprender. E, apesar de algumas câmeras facilitarem mais o processo que outras, gosto sempre de lembrar a todos que não é a câmera que faz o fotógrafo, e sim o fotógrafo que faz a câmera. É possível, sim, registrar e guardar suas memórias lindamente com câmera compacta, semiprofissional ou até mesmo com o seu celular.

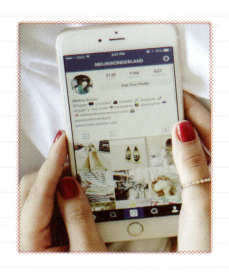

1. PRÉ-VIAGEM

Enquanto faz seu guia de lugares imperdíveis, aproveite para se inspirar em fotos da cidade. Uma forma bem legal de fazer isso é usar a busca do Instagram. Você vai descobrir cantinhos maravilhosos e já vai poder começar a pensar em fotos para tirar!

2. TENTE NOVOS ÂNGULOS

Existem infinitas possibilidades de tirar uma foto diferente, mesmo que seja de um dos lugares mais fotografados do mundo (como a Torre Eiffel). Você pode criar composições incríveis, misturando sua imaginação com aquilo que você está vendo e sentindo. A composição é o modo como você organiza a foto (pois é, foto também exige organização hehe). Tire um tempinho (mesmo que sejam alguns segundos) para pensar em como você gostaria de registrar aquela cena: o que vai ficar em primeiro plano, onde vai

estar o foco, o que você quer que apareça no fundo, de onde a luz está vindo, quais são as cores que estão aparecendo, qual o ângulo que vai ficar mais legal... Não tenha vergonha se tiver que pular, sentar ou deitar no chão pra conseguir deixar a foto do jeitinho que você imaginou! Se você visse as poses que já fiz pra tirar algumas fotos, ia rir muito! :P

3. PRESTE ATENÇÃO NO ENQUADRAMENTO

Foto centralizada não é sinônimo de foto boa. Isso até pode valer em alguns casos, mas não se prenda a esse recurso o tempo todo. É possível fazer fotos incríveis sem que o objeto (ou pessoa) em questão esteja bem no meio da cena. Existe uma regra na fotografia chamada "regra dos três terços" que ajuda bastante. É simples, basta usar o grid da câmera, aquele que divide sua tela em linhas verticais e horizontais. Os pontos onde as linhas se encontram serão os mais destacados na foto. Enquadre o objeto em um desses pontos e tcharam! É só focar e clicar :)

4. TIRE O FUNDO DE FOCO

Uma das características que mais fazem sucesso nas minhas fotos é o fundo desfocado. Para isso, além de colocar alguém em primeiro plano, é preciso jogar o foco nele (lembre-se da regra dos três terços). É um cuidado simples, mas que faz muita diferença!

5. OLHE PARA O FUNDO DA FOTO

Quando estiver fotografando algo ou alguém, não deixe de prestar atenção no que aparece no fundo. Assim você evita penetras, detalhes inconvenientes, e garante que o cenário todo esteja lindo e em harmonia (mais alguém aí fica com vontade de cantar "em harmonia" da Pequena Sereia quando escuta essa palavra?).

6. USAR OU NÃO O FLASH, EIS A QUESTÃO

O flash, além de ser inconveniente em muitos ambientes (como museu, por exemplo), muitas vezes deixa a sua foto com uma iluminação e cores bem diferentes do imaginado. Recomendo desativar o recurso e tentar usar ao máximo a luz natural. Se estiver escuro demais, use a lanterna do celular (seu ou de um amigo) para iluminar o objeto em questão ou procure por lâmpadas e focos de luz. Se você tiver uma câmera que permita mais controle, tente variar o ISO, a abertura e a velocidade para deixar a foto com uma iluminação mais próxima da desejada.

7. FOTOS NOTURNAS OU DE DIA

Os meus dias favoritos para fotografar são os nublados porque a luz do Sol fica bem mais suave — então nada de desanimar para pegar a câmera se alguns dias estiverem nublados durante a viagem, hein?! Quando tem sol, existem alguns horários que são os melhores para fotografar aproveitando a luz do dia para obter fotos mais bonitas: a luz do amanhecer até a metade da manhã e da metade da tarde até o crepúsculo. Para fotografar durante a noite, recomendo apoiar a câmera ou celular em alguma superfície ou em um tripé (tem tripé próprio pra celular!) para evitar que ela fique borrada.

8. USANDO A LUZ A SEU FAVOR

Como disse no item anterior, existem horas mágicas que fazem ser mais fácil tirar uma foto, mas isso não quer dizer que vamos fotografar só nesses horários, né? Quanto mais você brincar com a câmera, mais vai conseguir criar registros lindos independentemente da luz. Você pode fazer contraluz, usar flash, posicionar o objeto ou a pessoa de forma que a luz crie um contorno bonito... enfim! Não tenha medo de tentar e de clicar :)

9. NÃO POUPE ESPAÇO

É sempre bom tirar mais de uma foto para garantir ao menos um registro! Para evitar estresse, antes de viajar é sempre bom fazer uma limpa na memória do celular e levar cartão de memória extra para a câmera (ou um HD externo se você, assim como eu, sempre leva seu computador quando viaja)! Baterias sobressalentes ou powerbanks também são bem-vindos.

10. PÓS-FOTO

Existem muitas opções de aplicativos gratuitos que são ótimos para deixar sua foto ainda mais bonita. Antes de aplicar um filtro, gosto sempre de dar uma ajustada nas fotos, usando as ferramentas de brilho, contraste e saturação. Isso faz muita diferença e permite que os filtros deem um efeito mais bonito quando aplicados. O bom é que, ao contrário de mim, se você não tiver paciência pra usar outros aplicativos, o próprio Instagram tem essas ferramentas disponíveis.

Londres – dez pubs

LIA e MEL

Assim como é impossível não encontrar um Starbucks a cada esquina de Nova York (uma salvação pra quem precisa de Wi-Fi e carregar o celular!), em Londres a gente tropeça em pubs. Aqui alguns dos mais legais da cidade, lembrando que a idade mínima para consumir bebida alcoólica no Reino Unido é 18 anos ;-)

The Royal George

Fica no SoHo, uma das regiões mais bacanas da cidade, na Charing Cross Road. Rola sempre uma mistura de locais e turistas, seja atrás de pints de Guinness, de uma jarra de Pimm's (o drinque dos verões de lá!) ou de um copo de cidra. Ele abre para brunch e possui um cardápio bacana de burgers, hot dogs e pratos da culinária coreana. Além disso, fornece 16 torreiras de chope, showzinhos e DJs.
• 133 Charing Cross Road.

Roadhouse

É um pub que se define como American Cafe principalmente por conta do cardápio, cheio de chillis, macaroni and cheese e onion rings. Assim como muitos outros pubs, oferece um happy hour a preços convidativos, que dão uma boa economizada na conta final. Lá rolam muitos showzinhos de bandas locais (que podem estourar e virar suas favoritas; a maioria das bandas inglesas famosas começou assim) e karaokê com banda, geralmente às quartas.
• The Piazza, Covent Garden.

Palm Tree

Esse pub não tem nada de hipster. Mais tradicional, aliás, impossível. O Palm Tree é decorado com fotos de celebridades de outrora, memorabilia e iluminação de cabaré. Como fica ao lado do canal, ele disponibiliza um quintal com gramado, num climinha delicioso. Aos fins de semana rolam os melhores shows de jazz da região também. Só aceita dinheiro.
• Mile End Park, E3.

Ye Olde Cheshire Cheese

Um dos pubs mais antigos numa cidade muito antiga, ele foi reconstruído após o grande incêndio de 1666 e segue firme e forte até hoje. De arquitetura meio labiríntica, era frequentado por escritores como Charles Dickens.
• 145 Fleet St.

Churchill Arms

Esse pub, com decoração que remete ao período das grandes guerras e exterior coberto de flores, é um prato cheio para quem gosta de história. Lindo! Além do tradicional balcão (melhor lugar para fazer amigos em viagens, aliás), não deixe de conhecer o restaurante de cozinha tailandesa que fica nos fundos; a comida é deliciosa e o preço, ótimo!
• 119 Kensington Church St.

Princess of Shoreditch

Localizado numa das vizinhanças mais cool de Londres, o Princess serve uma comida maravilhosa, entre elas um dos melhores fish & chips da cidade, servido apenas nos dias úteis (aos domingos, o prato da casa é o também tradicional sunday roast).
• 76-78 Paul Street, Shoreditch.

Dog & Duck

O lugar é lindo — atenção aos papéis de parede. O bar, no Soho, se gaba de ter recebido muitas celebridades, de George Orwell a Madonna.
• 18 Bateman Street.

The Princess Louise

Esse é outro da categoria "comer, beber e se encantar". A decoração é o máximo. No térreo, há cabines separadas por vidros foscos vitorianos, espelhos antigos, painéis de madeira... tudo para distrair o olhar entre um pint e outro.
• 208-209 High Holborn.

Viaduct Tavern

De atmosfera familiar, é mais um que oferece um deleite para o olhar. Ele é todo decorado com painéis em art nouveau e objetos de época. Nos fundos, há um estande onde a antiga dona do imóvel, da era Vitoriana, vendia fichas de gim para os clientes.
• 126 Newgate Street.

The Blackfriar

Também em art nouveau, foi construído onde antes funcionava um convento dominicano. Há esculturas, mosaicos, relevos; uma lindeza só.
• 174 Queen Victoria Street.

101

Paris – dez comidinhas

MEL

CAFÉ DES 2 MOULINS

Sim, é o famoso café no qual a Amélie Poulain trabalha em *O fabuloso destino de Amélie Poulain*, ponto turístico obrigatório para os fãs do filme (como eu <3). O lugar é lindo — vale pedir um café (ou um crème brulée, a Lia adorou!) e visitar o banheiro cheio de polaroids, objetos do filme e o famoso gnomo. Fiquei imaginando a Amélie atendendo às mesas e a Georgette com seus remédios e medos hipocondríacos!
• 15 Rue Lepic, Montmartre.

PANCAKE SQUARE

O lugar dos melhores crepes (ou galettes) de Paris; aquele fininho de massa quadrada, diferente dos que comemos no Brasil, sabe? O ambiente é bacana, dá para ver os chefs cozinhando, e tem um bom atendimento. São dois endereços, um em Levallois-Perret e outro em Bois-Colombes.

LES COCOTTES

Procurando um típico bistrô parisiense? Pois a cozinha do chef Christian Constant é o seu lugar. Fique no balcão e peça qualquer coisa do cardápio que, como em um bom bistrô, varia sempre. O atendimento é ótimo, mas é preciso chegar cedo para garantir o lugar!
• 135 Rue Saint-Dominique.

FRENCHIE TO GO

Versão fast-food do Frenchie, tão famoso, bem cotado e sempre tão lotado que é impossível conhecer. No Frenchie To Go, comidas de inspiração americana e inglesa ganham um toque francês. Experimente o sanduíche de porco desfiado.
• 9 Rue du Nil.

BIG FERNAND

Bateu vontade de hambúrguer? Quer comer rapidinho para continuar passeando pelas ruas incríveis de Paris? Esqueça o McDonalds e vá a uma das unidades da Big Fernand, famosa cadeia francesa. As lojas são lindas, os sanduíches são maravilhosos, e as batatas da casa com molho, inesquecíveis. São vários os endereços!

LIA

LE CARROUSEL DE LA TOUR EIFFEL

Para mim não existe viagem sem comida de rua. E nem só de galettes chiques vivem os parisienses. Vale muito experimentar o crepe estilo "podrão" enquanto admira a torre. Peça um sabor salgado ou se jogue no de Nutella. É maravilhoso!

PIERRE HERMÉ

Todo mundo vai te indicar a famosa Ladurée, mas acredite em mim: os macarons de Pierre Hermé são mais gostosos. Peça vários, e misture sabores tradicionais com os mais exóticos, como o de crème brulée. Tem várias unidades pela cidade, procure a mais próxima de você!

BREIZH CAFÉ

E já que o assunto é crepe, essa é a creperia mais hypada de Paris. Apontada pelos críticos como o lugar mais gostoso para se comer a iguaria, esse café mistura receitas tradicionais e opções exóticas em seu cardápio. Super vale pedir uma Breizh Cola, refrigerante da casa.
• 109 Rue Vieille du Temple.

ANGELINA

É uma das mais famosas casas de chá da França, e Paris supercombina com chocolate quente (a Mel concorda!). O de lá leva chocolate feito na casa, fundido lentamente; é encorpado e delicioso. Vale chegar para um brunch aos domingos.
• 226 Rue de Rivoli.

KUNITORAYA

"Comida japonesa em Paris, Lia?!". Ué, por que não? Esse é especializado em udon, típico macarrão de massa grossa. O prato vem servido de duas maneiras: com caldo quente ou frio e vários tipos de acompanhamentos; tempuras, por exemplo. As tapas também são ótimas!
• 1 Rue Villedo.

Nova York – dez fotos

LIA

Nova York é um dos lugares mais cantados e fotografados do mundo. Não à toa: é uma cidade maravilhosa! Veja onde tirar as melhores fotos para voltar com recordações incríveis — aproveite para marcar as que você já conseguiu!

Top of The Rock

Tooooodo mundo fala do Empire State, mas eu prefiro o topo de um dos prédios do complexo que abriga o Radio City Music Hall (palco de grandes shows!) e a sede da NBC (onde são gravados programas como "Saturday night live"). Pra mim, a vista dele é a mais bonita de Manhattan, pois abrange o Central Park e o próprio Empire State Building. De tirar o fôlego.

105

Central Park

São mais de 3 quilômetros quadrados de paisagens incríveis, cantinhos escondidos e gramados deliciosos. Ou seja, ele fica lindo (e diferente!) em todas as estações. Dentre as atrações, estão: Strawberry Fields, fonte Bethesda, estátuas de *Alice no país das maravilhas* e muitos outros lugares maravilhosos!

Brooklyn Bridge

Esse é um passeio obrigatório que rende fotos incríveis. Não deixe de fazer a travessia pelo 1,8 quilômetro da ponte do Brooklyn, uma das que separam Manhattan de lá. Se o clima permitir, o melhor é fazer o passeio ao fim da tarde, assim você pega o pôr do sol e a ponte iluminada à noite. Vale ir a pé ou alugar uma bicicleta. É lindo demais!

Times Square à noite

Start spreading the news... Uma das imagens mais marcantes de Nova York é aquela profusão de telões, luzes e cores que só a Times Square proporciona. É uma confusão só — muita gente para tudo que é lado, sotaques do mundo inteiro —, mas a vista é privilegiada. Só aconselho ir à noite, para aproveitar melhor!

Love e Hope

Você já deve ter visto fotos de pessoas posando com esculturas com as palavras Love e Hope. Ambas foram criadas por Robert Indiana, que espalha suas criações pelo mundo. "Hope" fica na Broadway, entre a 7th Avenue e a 8th Avenue. Já "Love" está instalada na Avenue of the Americas (6th Ave.), próxima a 55th Street.

Estátua da Liberdade

Um dos maiores símbolos de Nova York e dos Estados Unidos, a estátua pode ser apreciada de longe, de dentro dos barcos que fazem a travessia entre os rios que banham a cidade. Nem precisa descer na ilha, mas vale fotografar do water taxi que para em frente aos monumentos.

Filmes e séries

Nova York serviu de cenário para muitos filmes e séries que amamos, então vale ir atrás de locações para conhecer e clicar. Não deixe de comer um sanduíche da Dean & Delucca nas escadarias do Met (Metropolitan Museum) como Blair e Serena, de *Gossip girl*, ou um croissant na frente da Tiffany's, ao melhor estilo Holly Golightly, de *Bonequinha de luxo*. Ah, e assim que você pisar na Grand Central Station, vai reconhecer centenas de cenas famosas que foram gravadas lá!

Táxis amarelos?

Por que não? Uma das marcas da cidade! Os amarelinhos dominam o trânsito. E essa foto dá pra tirar em qualquer esquina das grandes avenidas. Só não demora muito, porque o sinal abre rápido!

Grafites de Williamsburg

Não existe moldura melhor para as suas fotos. A região, uma das mais hipsters do Brooklyn, é cheia de grafites maravilhosos. Basta andar a esmo por ruas como a Bedfort Street que você acha um monte.

High Line

Além do Central Park, o High Line é outro espaço ao ar livre obrigatório na cidade que nunca dorme. Trata-se de uma antiga linha de trem abandonada transformada em área de lazer que se estende por mais de 20 ruas. As vistas de lá são lindas!

São Paulo – dez lugares

LIA

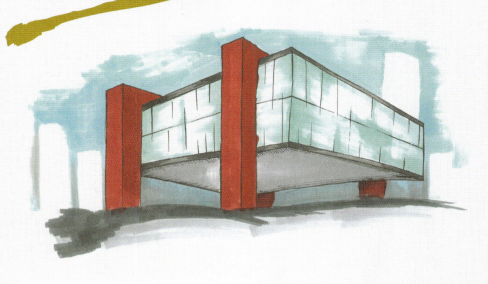

Passeio pela Liberdade

A cidade abriga a maior colônia japonesa do mundo, e é claro que isso se reflete no bairro, povoado pelos orientais desde o comecinho do século XX. Lá você encontra um mix de lojas, mercadinhos e restaurantes (tem também muitos coreanos e chineses!) e, dependendo da época do ano, umas festividades bem bacanas. É ótimo para comprar cosméticos, produtos para casa, comidas exóticas e fofurinhas kawaii.

Rolê no Baixo Augusta

Uma das ruas mais famosas de São Paulo, a Augusta cruza a Avenida Paulista e é cheia de lojas, bares, baladas, restaurantes e galerias. Muita coisa legal! Dá para comer desde o mais saudável, em uma fast-food natureba, até hambúrguer, além de fazer comprinhas mil e bater muita perna, subindo e descendo a rua.

Bares da Vila Madalena

Esse bairro boêmio nem parece ficar em São Paulo: nas ladeiras e ruas com nomes diferentes, como Purpurina, Girassol e Harmonia, você vê mais casas do que prédios, naquele clima de cidade do interior. São muitos os bares, um do lado do outro, de todos os estilos e preços, para você escolher.

Beco do Batman

Ele também fica na Vila Madalena, mas merece atenção especial. É uma viela, onde parede cinza e sem graça não tem vez. Todos os muros da rua são cheios de grafites e street art, resultando em um colorido superespecial e um cenário lindo para as suas fotos!

Feirinhas de antiguidades

Adoro garimpar novidades e velharias, e as feiras da Praça Benedito Calixto, aos sábados, e do Bixiga, aos domingos, são as minhas preferidas. Acho um ótimo lugar para comprar óculos vintage (sou míope!) e acessórios!

Edifício do Banespa

Yes, nós temos nosso próprio Empire State. O Banespão, para os íntimos, foi construído na década de 1940 à imagem e semelhança do prédio nova iorquino. Com 35 andares a menos (quase a metade), o Banespa foi o prédio mais alto de São Paulo por quase duas décadas, e, lá de cima, é possível ter uma visão panorâmica da cidade. Você vê a Catedral da Sé, o Mercadão Municipal, o Minhocão, a Avenida Paulista... Dá até para brincar de procurar!
• Rua João Brícola, 24 – Centro (Metrô São Bento).

Rua 25 de Março

A região é uma das mais movimentadas de São Paulo por abrigar um grande comércio popular de rua, que se espalha para além da famosa rua. É muita gente, muito camelô, muita confusão, mas eu adoro, principalmente andar ali pela Ladeira Porto Geral. Bom pra comprar acessórios e bijus baratinhas, maquiagens, produtos pra cabelo...

Teatro Renault

Hoje ele ocupa o espaço que já foi do lendário cineteatro Paramount, onde foi exibido o primeiro filme falado na América Latina e que recebeu shows memoráveis de nomes como Tom Jobim e Elis Regina. A fachada em art nouveau é um charme a mais para o local, que hoje é palco de grandes musicais da Broadway que costumam aportar por aqui, como *Wicked*, *O Rei Leão* e *Les Misérables*. Amo!

Mirante 9 de Julho

Antes abandonado, o espaço acima do túnel inaugurado em 1938 virou um dos lugares mais cool da cidade. Com entrada gratuita, dispõe de espaço para shows, exposições, feiras e exibição de filmes ao ar livre, além de restaurante e café.
• Rua Carlos Comenale, S/N – Bela Vista.

Paulista aberta

A decisão causou polêmica, mas o espaço ficou tão agradável... Como acontece nas principais cidades do mundo, a Avenida Paulista agora fica fechada para os carros e aberta para os pedestres aos domingos. Bom para andar de bicicleta ou patins, passear com seu cachorro, provar comidas de rua, ver showzinhos de bandas que se apresentam ali... É ótimo!

Rio – dez carioquices

LIA e MEL

O CHARME DA COLOMBO

Fundada em 1894 por imigrantes portugueses, a Confeitaria Colombo é um charme carioca — e um dos cafés mais bonitos do mundo. A arquitetura e decoração da sede do Centro remetem à Belle Époque, com elementos art nouveau e imensos espelhos de cristal. De Chiquinha Gonzaga a Villa-Lobos, passando por Getúlio e JK, muitos grandes nomes já estiveram ali! O lugar é encantador e cheio de quitutes deliciosos, como salgadinhos, sanduíches e doces de encher os olhos. Vale também visitar a filial do Forte de Copacabana, que tem uma das vistas mais bonitas da cidade.

PASSEIE POR SANTA TERESA

O clássico bondinho está de volta, então se abolete num deles para um passeio pelas charmosas ladeiras. O bairro boêmio, que sempre atraiu artistas e intelectuais, abriga bons restaurantes no entorno do Largo dos Guimarães, além de inúmeros ateliês e botecos para todos os lados. Não deixe de passar no Parque das Ruínas para tomar um café e babar na vista.

TOUR PELOS MUSEUS

A cidade é cheia de museus e espaços culturais interessantíssimos, especialmente no Centro. Por lá, ficam os recém-inaugurados MAR (Museu de Arte do Rio) e Museu do Amanhã (vale um passeio por toda a Praça Mauá, inclusive!), mas não deixe de conferir o CCBB (outro prédio lindo), a Casa França-Brasil, o Museu Nacional de Belas Artes e o Paço Imperial, que costumam sediar ótimas exposições.

PIQUENIQUE NA LAGOA OU NO ATERRO

O melhor jeito de curtir o calor do Rio é na praia, certo? Nem sempre. Piquenique é uma ótima opção ao ar livre. Separe sua toalhinha, providencie comidas gostosas e bebidas refrescantes e rume para a Lagoa Rodrigo de Freitas (ali pros lados do Parque dos Patins) ou o Aterro do Flamengo, dos Jardins do MAM ao fim da praia.

COMPRAS EM IPANEMA

Para que se enfiar em shopping se você pode fazer suas compras ao ar livre em um bairro supercharmoso? Em uma bateção de pernas pela Rua Visconde de Pirajá você encontra lojas como a flagship da Farm, linda e imponente. Na Garcia D'Ávila, concentram-se marcas de alto luxo, como a H. Stern e a Amsterdam Sauer — e ainda pode parar para um café na Nespresso —, mas basta entrar em uma das muitas galerias do bairro para encontrar lojas interessantes de novos estilistas!

EXPLORE O JARDIM BOTÂNICO

Não só o jardim propriamente dito, mas o bairro inteiro! Vale esticar um passeio pelo Parque Lage até o Horto via Rua Pacheco Leão, que é cheia de bares, cafés e restaurantes muito bacanas. Lá para cima, você ainda encontra as cachoeiras do Quebra, do Chuveiro e dos Primatas, onde pode tomar um banho revigorante. Depois delas, finalmente chega à Vista Chinesa, construção de inspiração oriental datada do início do século XX, dona de uma vista deslumbrante. E ainda um pouco mais para cima você esbarra na Mesa do Imperador, ponto de descanso da Família Imperial em seus passeios, também sensacional!

O PÔR DO SOL

O momento em que o sol, quase sempre brilhante, se põe, é um grande momento para os cariocas. Tanto que eles costumam bater palmas para o astro-rei na praia e nas pedras do Arpoador. Mas, em uma cidade com tantas paisagens deslumbrantes, é possível apreciar o pôr do sol de qualquer lugar. Seja de Santa Teresa, do alto do Horto ou da Colombo do Forte, que indicamos acima, até pontos turísticos como a Mureta da Urca, o Cristo Redentor e o Pão de Açúcar.

SE JOGUE NAS FEIRINHAS

Como toda cidade grande que se preze, o Rio tem inúmeras feiras bacanas. Uma das mais legais é a Feira do Lavradio, que toma a rua homônima todo primeiro sábado do mês. Para quem se liga em moda, vale ficar de olho no Cluster e na Carioquíssima. Para quem ama comer, não perca a chance de ir à Junta Local ou à Feira Planetária. Os lugares sempre variam!

BAIXO BOTAFOGO

O carioca adora um "baixo", ou lugar cheio de bares onde as pessoas se reúnem pra tomar uma cerveja. Baixo Gávea e Baixo Leblon ainda são muito conhecidos, mas agora todo mundo se concentra no Baixo Botafogo. Cheio de bares, pés-sujos, restaurantes e lojas, como a Void e a Livraria da Travessa, é um dos lugares mais legais para ver e ser visto na cidade.

GRUMARI E PRAINHA

Ficam bem longe do centro da cidade, e por isso mesmo são sensacionais. As praias da Zona Oeste da cidade, pra lá da Barra e do Recreio, valem a visita. Mas é preciso se programar (são 40 km de distância de Copacabana, para você ter uma ideia) e acordar supercedo, porque a prefeitura fecha o acesso quando o número de carros chega ao limite permitido. Praias vazias, limpas, areias calmas… um paraíso.

Tóquio – dez comprinhas

LIA

Tokyo Disneyland e Tokyo Disney-Sea: Não, nem no Japão eu me esqueci da Disney! As lojinhas dos parques vendem itens lindos dos personagens mais maravilhosos, muitos dos quais só se acha lá!

Rua Takeshita

Impossível indicar apenas um lugar na região mais estilosa da capital japonesa, Harajuku! São muitas as lojas de roupas e acessórios, frequentadas pelos jovens excêntricos que você vê em fotos de street style por aí. Lá também tem uma Daiso gigante, espécie de loja de 1,99 (tem em São Paulo também, mas sem nem um centésimo das opções da matriz).

Luxo em Ginza

Esse é o distrito de compras luxuosas de Tóquio, como a Oscar Freire, em São Paulo, ou a Quinta Avenida, em Nova York. É lá que ficam as lojas grifadas tipo Hermés, Dior e Channel. A avenida principal é bem ampla e bonita, mas nem pense naquela estética cheia de neons e luzes. Ginza é mais clean e chique, parece um pedacinho da Europa!

Bic Camera

Essa é uma loja enorme de eletrônicos (que também conta com mais de uma unidade) lotada de games, câmeras (a Mel iria pirar!), televisores, eletrodomésticos, celulares...

Matsumoto Kiyoshi

Essa é uma rede de farmácias (sim, farmácia também é ponto turístico para quem ama comprinhas de beleza e maquiagem, como eu!) imensa, com corredores cheios de cosméticos e makes japas, os melhores do mundo. Lá você vai encontrar marcas como a Bioré, a Majolica Majorca e rótulos escritos em japonês (dica: use o tradutor fotográfico do Google, é mágico!).

Shibuya 109

Imagine um shopping com nove andares de lojas de moda japonesas! Lá você encontra marcas que representam as diferentes tribos do Japão, como Lolita (moda alternativa de rua, que começou nos anos 1980 e abusa dos vestidos, sapatos e laços gigantescos de boneca) e Visual Kei (estilo punk-gótico influenciado por bandas de rock japonesas). O mais curioso é que as lojas do shopping não costumam ter vitrines, fica tudo aberto.

Compre nas máquinas!

Sabe as máquinas de comida e bebida que a gente vê no Brasil? O Japão possui mais de 6 milhões espalhadas por tudo que é canto, e em Tóquio você encontra os tipos mais variados, e a cada esquina. Os produtos vão desde flores a sorvetes, peixes, eletrônicos, ovos... Pode acreditar!

Uniqlo

Com filias nos Estados Unidos e Europa, a Uniqlo é superpopular por lá. Roupas básicas e de qualidade, em todos os tamanhos. Nas épocas mais frias, você encontra boas roupas térmicas, dessas tipo segunda pele, sabe? Fora as luvas com dedinhos, próprias para a tela dos smartphones. O preço é ótimo.

Kiddy Land

Se o fechamento da FAO Schwarz em Nova York causou comoção, vamos agradecer pela existência desse lugar. São seis andares cheios de brinquedos. Lá comprei minha boneca Licca Chan, mas você também encontra produtos de marcas como: Hello Kitty, Rilakkuma, Doraemon, Re-Ment, Pullips, Blythes, Disney... Um sonho!

As japonesas são loucas por meias

A cidade é repleta de lojas dedicadas exclusivamente a meias, com todos os tipos de cores, texturas e comprimentos. É muito comum ver as meninas usando meias curtas com renda até para acompanhar sandálias e sapatilhas. Espere por muitas meias louquinhas: com formato de gato, listradas e multicoloridas (inclusive para homens, que dobram a barra da calça para deixá-las à mostra).

Disney – dez fofuras

LIA e MEL

ORELHINHAS DA MINNIE E OUTROS ADEREÇOS

As lojas da Disney têm produtos exclusivos que você só encontra lá. Orelhinha da Minnie noiva, pirata, princesa, sereia, Malévola, C3PO? Tem. E também orelhinha que acende, de paetê, no boné, com plumas... Além das temáticas no Halloween, Natal, etc. Para quem quiser variar, tem muitos outros chapéus para brincar — Pateta, Pluto... chapéu seletor!? Ops, não, isso é em outro parque. ;-)

PANDORA DISNEY

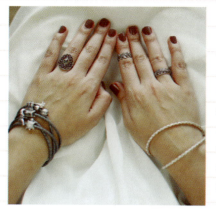

A coleção de charms da Pandora para a Disney é vendida exclusivamente nos Estados Unidos, e os parques do complexo vendem alguns pingentes que você não vai encontrar em nenhum outro lugar. A parceria existe desde 2014, e a cada estação uma nova coleção maravilhinda é lançada. Shut up and take my money, ratinho!

PELÚCIAS

Todo mundo já sabe que pelúcia não é só para crianças, né? E basta entrar em uma loja para ver como é difícil resistir a essas fofuras. Dory, Dumbo, Stitch, todas as princesas bebês, Marie, Sebastião, Minnies diversas e vários personagens de Stars Wars! Como se não bastasse, desde 2014 a linha Tsum Tsum deixou de ser exclusiva do Japão e virou uma verdadeira febre entre os colecionadores disneymaníacos.

TÊNIS VANS

Além dos calçados que você encontra nos parques, a Vans criou uma linha de tênis de cano alto e curto em parceria com a Disney. Depois de estampas dedicadas às princesas e aos personagens clássicos, como Mickey, Minnie, Pooh e Pluto, foi criada uma coleção em homenagem a Alice no País das Maravilhas, 101 Dálmatas, Mogli, Vilões, Star Wars... Além dos tênis, em alguns lugares é possível encontrar mochilas, camisetas, meias e bonés também. Fofo, né?

PAPELARIA

É simplesmente impossível ir à Disney e voltar sem algum (ou muitos, OK, quem queremos enganar?) artigo de papelaria na mala. Canetas, lápis, cadernos, borrachas, clips (que são as orelhas do Mickey!), estojos, agendas, porta-trecos, bloquinhos, mouse pads... O parque é um paraíso para quem gosta daquele momento volta às aulas — ou para quem não tem vergonha de ser feliz e usa até no trabalho — tipo a gente, hehe!

MAQUIAGEM

Elf, Sephora e MAC estão entre algumas das marcas de cosméticos que produziram linhas exclusivas para personagens da Disney — entre elas várias Princesas, algumas Vilãs e, é claro, a Minnie. Uma vez em Orlando, vale muito a pena procurar por eles — Elf costuma vender nas farmácias, tipo Walgreens ou CVS —, porque os produtos são bons, além de lindos. Mas depois tem que ter coragem de usar, tá?

CANECAS

O site da Disney Store conta com mais de 200 modelos de canecas! Por isso, se você gosta de canecas como nós gostamos, não deixe de entrar em cada uma das lojinhas para conferir. Dificilmente vai encontrar todas em um mesmo lugar. Cada área do parque — que é dividido entre Fantasyland, Tomorrowland, Adventureland e Frontierland — possui dezenas de lojas ao redor de cada atração, além de algumas maiores entre as áreas, que reúnem uma variedade maior de produtos.

BONECAS, BRINQUEDOS ETC.

Quem acompanha os nossos blogs sabe que somos completamente apaixonadas por brinquedos, bonecas e outras fofuras. Barbies, Funkos, miniaturas. Você não precisa brincar com eles (mas por que não, se quiser?), mas vai dizer que não ficam lindos na estante?

Dica: Se você estiver hospedada dentro do complexo Disney, pode pedir para a loja entregar suas compras no hotel! Assim evita carregar peso no parque.

ENFEITES DE NATAL

Ao longo do ano é possível encontrar lojas que vendem decoração natalina nos parques. Os enfeites lindos, duram uma vida e também ficam como lembrança da viagem.

FOTOS COM PERSONAGENS

É sério, se até o final da viagem você não tiver tirado nenhuma foto com algum personagem pelo parque, vai se arrepender para sempre. Não tem problema ser mico, ter fila, ou você estar descabelada. Quando estiver em casa depois e encontrar aquela foto linda abraçada com o Mickey (ou com o Sulley <3 – sim, ele às vezes circula pelo Hollywood Studios), não vai conseguir deixar de sorrir e sentir saudades.

Listas

[x]

P.S.
Deixamos um espaço para você marcar o que já leu, e os filmes e séries que você já viu!

MEL

[ ] ALICE NO PAÍS DAS MARAVILHAS E ATRAVÉS DO ESPELHO,
DE LEWIS CARROL

Quando criança, ganhei um livro em que a Alice era morena, e por isso consegui me ver na personagem e desejei entrar pela toca do coelho apesar das coisas assustadoras que acontecem no País das Maravilhas, hehe. Comecei a colecionar edições de Alice e livros relacionados, e atualmente tenho quase 30 livros na coleção; muitos deles ganhei de presente de leitores do Serendipity. <3

[ ] HARRY POTTER,
DE J.K. ROWLING

Depois da Pedra Filosofal, minha vida mudou (de verdade) e virei uma devoradora de livros! Obrigada, J. K Rowling!

[ ] CORALINE,
DE NEIL GAIMAN

Quando li pela primeira vez, estava em ano de vestibular e uma amiga me emprestou. Resolvi ler um capítulo antes de começar a estudar, mas só consegui parar na última página. Já era noite e quando minha mãe me chamou para jantar, eu estava tão no clima do livro que fiquei morrendo de medo de chegar na cozinha e encontrar minha "outra mãe" lá.

[ ] **EXTRAORDINÁRIO,**
DE R.J. PALACIO

} Sabe aquele livro que você tem vontade de indicar pra todo mundo? Então! Com ele aprendi que "se tiver que escolher entre estar certo e ser gentil, melhor ser gentil".

[ ] **TIRINHAS DO PEANUTS,**
CHARLES SCHULZ

Leio desde criança (obrigada, mainha). Queria poder entrar na história e abraçar o Charlie Brown, conversar com o Schroeder (sai, Lucy, hahaha), brincar com o Snoopy...

[ ] **POLLYANNA,**
DE ELEANOR PORTER

Tenho um carinho muito especial por esse livro. Quando era criança, minha mãe se sentava ao lado da minha cama e lia um ou dois capítulos antes de dormir. Foi com Pollyanna que aprendi o Jogo do Contente e a tentar ver sempre o lado bom das coisas.

[ ] **A PROBABILIDADE ESTATÍSTICA DO AMOR À PRIMEIRA VISTA,**
DE JENIFFER E. SMITH

Sabe quando você se encanta com uma capa de livro? E com o título? Felizmente a história me fascinou tanto quanto. Viajei para Londres com os personagens e fiquei morrendo de vontade de ser amiga deles. Será que um dia vai ser possível entrar dentro de um livro? ;-)

[ ] **O SEGREDO DE EMMA CORRIGAN,**
DE SOPHIE KINSELLA

Quando estou buscando uma leitura leve e divertida, vou direto aos livros da Sophie Kinsella (alguém me belisca? Ainda não acredito que conheci a Sophie, abracei e conversei com ela. Somos praticamente melhores amigas!).

Todo mundo deveria ler Jane Austen pelo menos uma vez na vida

[ ] **ORGULHO E PRECONCEITO,**
DE JANE AUSTEN

134

(LIA)

[ ] **O CÓDIGO DA VINCI**
E TODOS DO DAN BROWN

Amo todos; são livros de mistério, e o Dan sempre descreve muito bem as cenas, então você acaba viajando para os lugares onde os livros se passam.

[ ] **OS DELÍRIOS DE CONSUMO DE BECKY BLOOM,**
• **BECKY BLOOM: DELÍRIOS DE CONSUMO NA 5ª AVENIDA**
ETC.,
DE SOPHIE KINSELLA

A Becky é uma das minhas personagens favoritas do mundo, porque consegue ser louca e pura ao mesmo tempo! São livros pra você passar vergonha em público, porque vão te fazer rir sozinha.

[ ] **HARRY POTTER,**
DE J.K. ROWLING

JK criou um universo paralelo que surpreende e encanta a cada detalhe. Impossível não acreditar em magia depois de ler. E a vontade de trocar a escola convencional por Hogwarts, e aprender feitiços e duelos em vez de química e física?!

**[ ] AS 100 +, A ESTRATÉGIA DE ESTILO
E O LIVRO NEGRO DO ESTILO,**
DE NINA GARCIA

A Nina tem três livros de moda superlegais, com ilustrações lindas e muitas dicas bacanas — assim como o nosso livro, que você tá lendo agora, hehehe.

[ ] CLÁSSICOS BARNES & NOBLE

É uma série com clássicos variados em capas de couro absurdamente maravilhosas; além de colecionar seus livros favoritos, ainda pode decorar a casa!

EXTRA: Livros para entender o feminismo

[ ] **SEJAMOS TODAS FEMINISTAS,**
DE CHIMAMANDA NGOZI ADICHIE

[ ] **O SEGUNDO SEXO,**
DE SIMONE DE BEAUVOIR

[ ] **O PAPEL DE PAREDE AMARELO,**
DE CHARLOTTE PERKINS GILMAN

[ ] **VAMOS JUNTAS?,**
DE BABI SOUZA

[ ] **O DIÁRIO DE FRIDA KAHLO,**
DE FRIDA KAHLO

[ ] **A DOMINAÇÃO MASCULINA,**
DE PIERRE BOURDIEU

[ ] **PROBLEMAS DE GÊNERO,**
DE JUDITH BUTLER

[ ] **O MARTELO DAS FEITICEIRAS,**
DE HEINRICH KRAMER E JAMES SPRENGER

[ ] **PERSÉPOLIS,**
DE MARJANE SATRAPI

Curiosidade:

Em 2015, foi inaugurada em São Paulo, Guaianases, na Zona Leste da cidade, a primeira biblioteca feminista do Brasil. Inspirado na biblioteca feminista de Paris, o Espaço Cora Coralina foi revitalizado e já conta com mais de mil títulos em seu acervo.

(Biblioteca Feminista Cora Coralina
Rua Otelo Augusto Ribeiro, 113
Guaianases, São Paulo)

Filmes

MEL

**[ ] QUESTÃO DE TEMPO
(ABOUT TIME, 2013)**
De Richard Curtis com Rachel McAdams e Domhnall Gleeson.

Sabe aquele filme que aquece o coração? Então! Esse faz isso com o meu. A história é linda, e boa parte dela se passa em Londres. <3

**[ ] MESMO SE NADA DER CERTO
(BEGIN AGAIN, 2013)**
De John Carney com Keira Knightley, Mark Ruffalo e Adam Levine

A trilha sonora deste filme me acompanhou durante minha segunda viagem para Londres. Não conseguia (nem queria!) parar de ouvir.

138

[ ] MELINDA E MELINDA
(MELINDA AND MELINDA, 2004)
De Woody Allen com Will Ferrell
e Vinessa Shaw

Vi porque o nome se parecia com o meu. Mas me surpreendi! Aqui dois escritores desenvolvem duas histórias diferentes — uma mais cômica, outra mais dramática — protagonizadas pela mesma mulher.

[ ] CINDERELA EM PARIS
(FUNNY FACE, 1957)
De Stanley Donen com Audrey Hepburn
e Fred Astaire.

Amo Audrey Hepburn! Esse musical tem fotografia, livros e Paris. Como não se apaixonar?

[ ] MEU AMIGO TOTORO
(TONARI NO TOTORO, 1988)
De Hayao Miyazaki.

Impossível não querer ter um espírito da floresta como ele por perto. Sempre fui fascinada pela cultura japonesa (tanto que minha primeira tatuagem é meu nome em japonês).

Durante muito tempo esse foi o meu favorito. As cores, a iluminação e o enquadramento me inspiraram muito quando comecei a explorar meu amor pela fotografia. Amo quando dizem que a menininha que faz a Amélie enquanto criança se parece comigo.

[ ] O FABULOSO DESTINO DE AMÉLIE POULAIN (LE FABULEUX DESTIN D'AMELIE POULAIN, 2001)
De Jean-Pierre Jeunet com Audrey Tatou.

Já perdi a conta de quantas vezes assisti!
Que a força esteja com você. ;)

[ ] STAR WARS EPISÓDIO IV: UMA NOVA ESPERANÇA (A NEW HOPE, 1977) STAR WARS EPISÓDIO V: O IMPÉRIO CONTRA-ATACA (THE EMPIRE STRIKES BACK, 1980), STAR WARS EPISÓDIO VI: O RETORNO DE JEDI (THE RETURN OF THE JEDI, 1983),
De George Lucas com Mark Hamill, Harrison Ford e Carrie Fisher

[ ] SIMPLESMENTE AMOR (LOVE ACTUALLY 2003)
De Richard Curtis com Hugh Grant, Colin Firth e Keira Knightley

Eu amo o Natal (mais até do que o meu aniversário), e esse filme faz parte da minha lista de "filmes para entrar no clima natalino" desde 2005.

[ ] **MOONRISE KINGDOM (2012)**
De Wes Anderson com Bruce Willis, Kara Hayward e Jared Gilman

Esse é um dos diretores que mais me inspira. Sempre fico com vontade de entrar com a minha câmera e ficar horas e horas fotografando os personagens e o cenário enquanto escuto a trilha sonora.

[ ] **ELF – UM DUENDE EM NOVA YORK (ELF, 2003)**
De Jon Favreau com Will Ferrell e James Caan.

Impossível não rir e não continuar sorrindo, afinal,

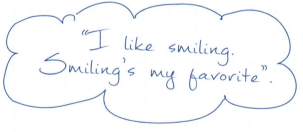

"I like smiling. Smiling's my favorite".

141

Amo filmes de terror, e esse clássico mais velho que eu é meu favorito

[ ] **POLTERGEIST: O FENÔMENO (POLTERGEIST, 1982),**
De Tobe Hoper com JoBeth Williams

[ ] **MADRUGADA DOS MORTOS (DAWN OF THE DEAD, 2004),**
De Zack Snyder com Sarah Polley.

Melhor filme de zumbis! Minha parte favorita: os sobreviventes se abrigam num shopping e "fazem a festa" nas lojas vazias, hehe!

[ ] **A.I.: INTELIGÊNCIA ARTIFICIAL (ARTIFICIAL INTELLIGENCE, 2001),**
De Steven Spielberg com Haley Joel Osmont, Jude Law e Frances O'Connor

É de partir o coração!

142

[ ] **COMO SE FOSSE A PRIMEIRA VEZ (50 FIRST DATES, 2004),**
De Peter Segal com Adam Sandler e Drew Barrymore

Comédia superfofa e diferente.

Casal fictício que, quando faz filmes junto, eu shippo: Adam e Drew <3

[ ] **O DIABO VESTE PRADA (THE DEVIL WEARS PRADA, 2006),**
De David Frankel com Anne Hathaway, Meryl Streep e Adrian Grenier

Na minha lista tinha que ter um filme fashion! Mostra os bastidores de uma revista de moda e desse mundo que não é só glamour.

Filmes da Disney

LIA

[ ] ALADDIN

Meu favorito; e numa terra distante e exótica! Deserto, camelos, sultões, lendas misteriosas, joias encantadas... Sou apaixonada pelas músicas, pelo jeito malandro do Aladdin e pelo fato de que a Jasmine é uma princesa meio nervosinha, menos doce que o padrão Disney! rs

Aladdin é inspirado em um dos contos do livro *As mil e uma noites* e narra a história de um garoto que encontra uma lâmpada mágica com um gênio capaz de realizar desejos.

[ ] A PEQUENA SEREIA

Mais um mundo completamente diferente pra gente viajar enquanto assiste: o fundo do mar! Ariel é uma princesa sereia fascinada pelo mundo humano — ela coleciona itens perdidos, espia escondida as pessoas em navios e acaba se apaixonando por um homem. Inspirado num conto do Hans Christian Andersen, separados por um final feliz x um triste, hehe.

[ ] **TOY STORY** (todos!)

O que os brinquedos fazem quando estão sozinhos?! Eu amo a temática do filme, porque ela é de fato algo em que a gente pensa quando é criança.

[ ] **FROZEN**

Livre estouuuu, livre estouuuu! Amo que a história principal seja sobre irmãs e não aquele clichê sobre um casal que vive feliz para sempre.

[ ] **ALICE NO PAÍS DAS MARAVILHAS**

Uma história maluca cheia de animais falantes, baseada numa das obras de Lewis Carroll e cheia de referências linguísticas e matemáticas.
Eu amo o jeito de falar "antigo" da personagem, já que o filme é de 1951.

Filmes da Disney

MEL

[ ] ALADDIN

Quem nunca quis ter um Gênio por perto? Ainda mais um Gênio tão divertido quanto o que o Aladdin encontrou. :)

[ ] A BELA E A FERA

Até hoje sonho em ter uma biblioteca particular como a que a Fera deu para Bela! E sei praticamente todas as músicas de cor, então quem assiste comigo tem que ter paciência porque não consigo assistir sem cantar, hehe

[ ] ALICE NO PAÍS DAS MARAVILHAS

[ ] **A PEQUENA SEREIA**

Eu me lembro de ficar horas deitada na cama quando era pequena, imaginando como seria a minha vida se eu fosse uma sereia, hahaha.

[ ] **O REI LEÃO**

Amo tanto que aprendi a cantar Hakuna Matata em português, inglês e japonês.

Músicas que me deixam feliz

LIA

[ ] **A MINUTE WITHOUT YOU, HANSON**

[ ] **I'M READY TO GO, PANIC AT THE DISCO**

[ ] **FOREVER, KISS**

[ ] **HUMMINGBIRD HEARTBEAT, KATY PERRY**

[ ] **WAITING FOR A STAR TO FALL, BOY MEETS GIRL**

Músicas (que me deixam mais feliz!)

MPB

- [ ] I'VE GOT A FEELING, THE BEATLES

- [ ] THE ZEPHYR SONG, RED HOT CHILI PEPPERS

- [ ] DON'T GO BREAKING MY HEART, ELTON JOHN

- [ ] WHERE ARE YOU GOING?, DAVE MATTHEWS BAND

- [ ] WAKE ME UP BEFORE YOU GO GO, WHAM!

Séries de TV

[ ] **FRIENDS**
De David Crane e Marta Kauffman com
Jennifer Aniston, Courteney Cox e Lisa Kudrow

[ ] **THAT 70s SHOW**
De Mark Brazill, Bonnie Turner e Terry Turner
com Mila Kunis, Topher Grace e Laura Prepon

[ ] **GILMORE GIRLS**
De Amy Sherman-Palladino
com Lauren Graham e Alexis Bledel <3

[ ] **HOW I MET YOUR MOTHER**
De Carter Bays e Craig Thomas
com Josh Radnor e Jason Segel

[ ] **DOCTOR WHO**
De Sydney Newman com Peter Capaldi,
Jenna Coleman e Matt Smith

Séries de TV

(LIA)

[ ] **THE WALKING DEAD**
De Robert Kirkman e Frank Darabont com
Andrew Lincoln, Norman Reedus e Melissa McBride

→ O mundo foi dominado por zumbis!

[ ] **GAME OF THRONES**
De George R. R. Martin, David Benioff e D.B. Weiss
com Emilia Clarke, Kit Harrington e Peter Dinklage

Batalhas medievais e fantasia, a cada episódio uma emoção.

[ ] **SEX AND THE CITY**
De Candace Bushnell e Darren Star com
Sarah Jessica Parker, Kim Cattrall e Kristin Davis

→ Amigas fabulosas vivendo na melhor cidade do mundo: Nova York.

[ ] **HOW TO GET AWAY WITH MURDER**
De Peter Novalk e Shonda Rimes
com Viola Davis e Billy Brown

Uma advogada brilhante e crimes misteriosos. Nem gosto tanto desse tema, mas piro com o ritmo da história.

[ ] **GILMORE GIRLS**
De Amy Sherman-Palladino com Lauren Graham
e Alexis Bledel

Uma cidadezinha pacata, uma mãe e uma filha engraçadíssimas.

Suas Listas

Aqui você pode anotar seus livros, filmes, séries e bandas favoritas também!

Agradecimentos

Obrigada!

Aos meus pais, Leonor e Edson, que sempre fizeram tudo por mim. Me incentivaram nas minhas escolhas, estimularam minha criatividade, me deram liberdade para eu desenvolver minha personalidade e me ensinaram a ser ética e trabalhadora. Quem tem pais como vocês, tem todas as chances do mundo!

Ao meu marido, Daniel, que encontrei de forma mágica nesse mundo depois de pedir para as estrelas. Por abraçar meu sonho comigo, abrindo mão das suas próprias intenções. Por ser meu braço direito, meu braço esquerdo e meus pés nessas aventuras muito loucas que são ter nossa própria empresa e construir nossa própria família.

À minha irmã Nani Camargo e à amiga Gabi Barbosa, por serem essenciais no dia a dia do Just Lia há tantos anos. Por colaborarem com suas preciosas ideias e dicas que deixam o blog ainda mais bonito.

À minha editora Ana Lima, por toda paciência e persistência. Por inventar esse projeto tão lindo e ainda me juntar com uma amiga especial como a Melina para trazê-lo à vida.

Às minhas leitoras e leitores ao longo desses 16 anos, por todos os recadinhos, interações, sugestões... por cada carinho em forma de palavra deixado nos comentários do blog ou nas redes sociais. Um abraço apertado especial para as leitoras mais participativas, cujo nome eu vejo tantas vezes que começam a fazer parte da minha vida. Vocês são amigas especiais, em que penso nos momentos "off-line", cujas mensagens acrescentam para o meu crescimento como pessoa. Às vezes é difícil devolver na mesma intensidade todo esse afeto, mas eu amo demais ter vocês por perto. Este livro é pra vocês!

Um beijo, Lia

Quando aceitei o convite e a proposta da Ana Lima para lançar um livro, não imaginei que fosse ser um processo tão difícil para mim. Apesar de amar livros, confesso que nunca sonhei em lançar um (ok, na verdade tinha na minha "to do list" lançar um livro com fotos), mas a Ana foi super paciente comigo. Me tranquilizou, prometeu que estaria ao meu lado durante todo processo e ela fez mais do que isso: me aguentou insegura e super atrasada com os prazos. Ana, acho que nenhuma outra editora teria tanta paciência comigo quanto você. Muito obrigada por não ter desistido de mim.

Lia, muito obrigada por ter aceitado escrever este livro junto comigo. Já disse e repito: foi você quem me ensinou que é possível trabalhar como blogueira, e isso definitivamente mudou o rumo da minha vida. Não consigo imaginar outra pessoa melhor do que você para estar ao meu lado neste livro.

Outra pessoa muito importante durante todo o processo de escrita e criação do livro foi a Liv Brandão. Ela me ajudou a perceber que escrever um livro não é um bicho de sete cabeças e também que não é muito diferente do que eu já faço no blog.

Nem preciso dizer o quanto a minha família foi importante durante todo esse processo, né? Assim que souberam que assinei o contrato com a Record, as reações foram as seguintes: Minha mãe "Eeeee! Orgulho da minha Pin! Vai ser um sucesso! Quando vai lançar?"; meu pai disse "Minha flor! Tenho um livro ótimo com dicas para quem quer escrever um livro. Vou colocar em sua mesa! Muito orgulhoso de você! Orgulho! Orgulho! Orgulho!"; meu irmão mais novo: "Que legal, Patê! E que bom que não vai ser um romance, né? Vai ficar bem legal!" (só neste parágrafo vocês descobriram três apelidos que minha família me deu, hehe).

Quero agradecer também ao Beni, meu amorzin (hehe), por todo apoio, incentivo e, é claro, amor. Obrigada por ter entrado na minha vida há tantos anos (obrigada, ICQ e RHCP) e por fazer parte não só dos meus sonhos, mas também da minha vida. Tudo fica mais fácil e divertido com você por perto.

Desde que o Serendipity surgiu, há 6 anos, muitas pessoas incríveis entraram em minha vida e algumas delas também são do mundo literário. Quero agradecer em especial a duas amigas e escritoras talentosas que me incentivaram muito durante o processo com dicas: Luly Trigo e Socorro Acioli. Espero um dia ficar tão tranquila quanto vocês com a ideia de escrever um livro. Vocês são incríveis!

E, é claro, não poderia deixar de agradecer aos meus leitores queridos que, mesmo estando do outro lado da tela, me fazem companhia diariamente com comentários fofos e motivadores. Alguns me acompanham desde o comecinho (alguns desde o meu primeiro blog, lá no começo dos anos 2000), outros começaram a menos tempo, mas todos são muito importantes e especiais para mim. Criei o Serendipity pela vontade de compartilhar uma parte da minha vida com quem quisesse me acompanhar e nunca imaginei que um dia iria conhecer tantas pessoas incríveis e receber tanto carinho. Tenho os melhores leitores do mundo e espero que vocês consigam sentir todo o carinho e gratidão que sinto por vocês.

E para fechar, um agradecimento especial ao Spock, que durante todo este agradecimento ficou deitado no meu colo me fazendo companhia.

E como sempre digo no final dos meus posts, obrigada por tudo, pessoal!

xoxo, Mel

Créditos das imagens

Fotos:

p. 8: Flores
© Melina Souza

p. 10: Menina com mão no rosto
© Melina Souza

p. 11: Sinal de silêncio
© Melina Souza

p. 14: Potinhos com esfoliante caseiro
© Melina Souza

p. 15: Potinho com esfoliante caseiro
© Melina Souza

p. 16: Abacate
© Melina Souza

p. 17: Pantufas e celular
© Melina Souza

p. 18: Produtos de bebê
© Africa Studio/Shutterstock.com

p. 20: Bullying virtual
© Melina Souza

p. 21: Buquê de flores
© Melina Souza

p. 24:
Ursinho © Melina Souza
Livros e caneca © Melina Souza

p. 25:
Menina escrevendo © Melina Souza
Meia-calça © Melina Souza

p. 26: Menina
© Melina Souza

p. 27:
Menina pulando © Melina Souza
Óculos © Melina Souza

p. 28: Audrey Hepburn
© MARKA/Alamy/Latinstock

p. 30: Chimamanda Ngozi
© Jeff Morgan 16/Alamy/Latinstock

p. 32: Jane Austen
© Classic Image/Alamy/Latinstock

p. 33: Hedy Lamarr
© Rues des Archives/Latinstock

p. 35: Nise da Silveira
© Museu de Imagens do Inconsciente

p. 42, 109: Maquiagem
© Lia Camargo

p. 47: Vestido de laço
© Melina Souza

p. 48: Molduras
© Melina Souza

p. 49:
Escrivaninha © Melina Souza
Cartões de decoração © Melina Souza

p. 50:
Cabelo com bobes © Melina Souza
Coque © Melina Souza
Coque com Funko © Melina Souza

p. 51:
Olho esquerdo © Melina Souza
Olho direito © Melina Souza
Menina © Melina Souza

p. 54: Balança
© Lia Camargo

p. 58: Caderno com manchas de batom
© Lia Camargo

p. 61: Coroa de flores
© Melina Souza

p. 63: Mãos com colares
© Melina Souza

p. 65:
Pôsteres © Melina Souza
Escrivaninha © Melina Souza

p. 66: Quarto © Melina Scuza

p. 67: Gaveta
© Melina Souza

p. 68: Esmaltes
© Lia Camargo

p. 69: Menina escrevendo
© Melina Souza

p. 70: Planejamento
© Melina Souza

p. 71:
Menina escrevendo © Melina Souza
Menina com caneca © Melina Souza

p. 72: Red velvet whoopie pie
© Melina Souza

p. 74: Butterbeer
© Melina Souza

p. 75: Chocolate quente
© Melina Souza

p. 76: Serendipity Cloud
© Melina Souza

p. 77: Smoothie
© Melina Souza

p. 78: Trufas de chocolate
© Melina Souza

p. 80: Panquecas coloridas
© Melina Souza

p. 82: Itens para viagem
© Melina Souza

p. 88: Malas
© Lia Camargo

p. 93: Câmera
© Lia Camargo

p. 94:
Celular © Melina Souza
Torre Eiffel © Melina Souza

p. 95: Fotografia de fundo desfocado
© Melina Souza

p. 96:
Menina fotografando © Melina Souza
Gato com fotos © Lia Camargo

p. 97: Quarto iluminado
© Melina Souza

p. 98: Pós-foto
© Ana Lima

p. 102: Café des 2 Moulins
© Lia Camargo

p.104: Le carrousel de la Tour Eiffel
© Lia Camargo

p. 106:
Times Square © Lia Camargo
Central Park © Lia Camargo

p. 107: Estátua da Liberdade
© Lia Camargo

p. 108: I <3 NY
© Melina Souza

p. 109: Liberdade
© Lia Camargo

p. 111:
Mesa com óculos de sol
© Lia Camargo
Vista Banespa © Lia Camargo

p. 115: Museu do Amanhã
© Raphaela Leite

p. 119: Rua de Tóquio
© Lia Camargo

p. 120: Rua Takeshita
© Lia Camargo

p. 120, 121: Máquina de bebidas
© Lia Camargo

p. 122: Lia em Tóquio
© Lia Camargo

p. 123:
Castelo © Ana Lima
Mel © Melina Souza

p. 124:
Pulseiras Pandora © Lia Camargo
Minnie Ariel © Ana Lima
Pelúcias Ursinho Pooh © Melina Souza

p. 125:
Pés © Paula Pimenta
Papelaria © Ana Lima

p. 126:
Maquiagem Elf © Melina Souza
Canecas © Melina Souza

p. 127:
Mickey © Lia Camargo

Alice © Lia Camargo
Vilões © Lia Camargo

p. 128:
Sininho © Lia Camargo
Stitch © Lia Camargo
Loja de Natal Dizney © Ana Lima

p. 129:
Lia e Mickey © Lia Camargo
Marie © Ana Lima

p. 130: Menina com CDs
© Melina Souza

p. 133: Menina lendo Extraordinário,
de R.J. Palacio © Melina Souza

p. 134: *O segredo de Emma Corrigan*,
de Sophie Kinsella © Ana Lima

p. 135: *Inferno*, de Dan Brown
© Lia Camargo

p. 136:
O livro negro do estilo, de Nina Garcia
© Lia Camargo
Clássicos Barnes & Nobel © Lia Camargo

p. 138: iPad
© Melina Souza

p. 146: Filmes da Disney
© Melina Souza

p. 147: Desenho da Ariel
© Ana Lima

p. 148: Rádio Vintage
© Melina Souza

p. 149: Headphone
© Melina Souza

p. 150:
Box de Friends © Melina Souza
Tardis © Melina Souza

Ilustrações:

p. 1, 21, 131, 134: Pássaro
© lenaer/Shutterstock.com

p. 2, 3, 44, 45, 99, 100, 101: Estampa de
bolinhas © Asymme3/Shutterstock.com

p. 2, 3, 45, 154, 155: Aquarela abstrata
© pun photo/Shutterstock.com

p. 2, 16: Xícara azul
© cuteaspushkin/Shutterstock.com

p. 2, 28, 39: Jarro de flores
© Elsa Korkiainen/Shutterstock.com

p. 2, 82, 83: Estampa de borboleta
© Magnia/Shutterstock.com

p. 3, 57: Cupcake de mirtilo
© Olga Lobareva/Shutterstock.com

p. 3, 103: Torre Eiffel
© Felipe Guatiello

p. 3, 118: Bolsa com buquê de flores e
caderno © Pushistaja/Shutterstock.com

p. 4, 12, 105, 107, 159: Estampa de flores
coloridas © lenaer/Shutterstock.com

p. 7, 22, 130, 131, 154: Estampa de corações
© lenaer/Shutterstock.com

p. 8, 9: Flores
© plearn/Shutterstock.com

p. 10, 11, 13: Aquarela abstrata
© pun photo/Shutterstock.com

p. 13, 131, 132, 135, 152: Livro fechado
© Mureu/Shutterstock.com

p. 13, 130, 148, 153: Headphone
© Nancy White/Shutterstock.com

p. 14, 105, 106, 108: Flor de cerejeira
© lozas/Shutterstock.com

p. 15: Olho
© Alisa S/Shutterstock.com

p. 17, 86: Produtos de beleza
© Samshyt/Shutterstock.com

p. 19, 20: Nuvem e gotas
© Eisfrei/Shutterstock.com

p. 23, 24, 25, 26, 27, 29, 30, 33, 34:
Estampa de manchas de copo © altelia/
Shutterstock.com

p. 31: Bolsa e maquiagem
© Nancy White/Shutterstock.com

p. 34: Celular
© Eisfrei/Shutterstock.com

p. 35, 36: Manchas de pincel
© Magic pencil/Shutterstock.com

p. 37:
Biquíni © formalnova/Shutterstock.com
Fogo © Galyna Puzyrna/Shutterstock.com

p. 38:
Violão © spline_x/Shutterstock.com
Avião © Eisfrei/Shutterstock.com
Lata radioativa © lineartestpilot/
Shutterstock.com

p. 39: Modelo
© Anna Ismagilova/Shutterstock.com

p. 39, 69, 92: Livro aberto
© Nancy White/Shutterstock.com

p. 40:
Chapéu, óculos e bigode © Eisfrei/
Shutterstock.com
Máquina de escrever © Maria Stezhko/
Shutterstock.com

p. 42, 43, 52, 53: Flores
© Evgeniya Anikienko/Shutterstock.com

p. 44: Blusa de bolinhas e calça jeans
© Nancy White/Shutterstock.com

p. 45: Vestido, óculos de sol e câmera foto-
gráfica © Nancy White/Shutterstock.com

p. 46: Blusa de botões e saia
© Nancy White/Shutterstock.com

p. 46, 47, 48: Estampa de flores
© Angie Makes/Shutterstock.com

p. 46, 63, 89: Sapatilha de gatinho
© Nancy White/Shutterstock.com

p. 52: Perfume e beijo
© Nancy White/Shutterstock.com

p. 52, 63, 89: Sapatilha de bico fino
© Nancy White/Shutterstock.com

p. 52, 87: Óculos de sol preto
© Nancy White/Shutterstock.com

p. 52, 93: Câmera bi-reflex
© Nancy White/Shutterstock.com

p. 53: Blusa listrada e saia
© Nancy White/Shutterstock.com

p. 54: Alface, ervilha e rabanete
© Anastasia Zenina/Shutterstock.com

p. 55:
Talheres © Siberica/Shutterstock.com
Pimenta e beringela © Anastasia Zenina/
Shutterstock.com

p. 56: Garrafa e copo
© NadineVeresk/Shutterstock.com

p. 56, 57: Bicicleta © Anastasia Zenina/
Shutterstock.com

p. 57:
Mamão © Krol/Shutterstock.com
Tomate, brócolis e ervilha © Sinelnikova
Galina/Shutterstock.com

p. 58, 59, 68, 69: Estampa de bolinhas coloridas © lenaer/Shutterstock.com

p. 58, 60, 67: Botões
© Color Brush/Shutterstock.com

p. 58, 64: Vaso de plantas e folhas
© NadiSpasibenko/Shutterstock.com

p. 59: Kit de costura
© Color Brush/Shutterstock.com

p. 60, 61: Arara de roupas
© Ozog/Shutterstock.com

p. 62:
Calcinha preta © Nancy White/
Shutterstock.com
Calcinha vermelha © formalnova/
Shutterstock.com
Esmalte © Gulnara Khadeeva/
Shutterstock.com

p. 63, 90, 118: Sapatilha vermelha
© Pushistaja/Shutterstock.com

p. 63: Botinha preta
© Nancy White/Shutterstock.com

p. 64: Itens de decoração
© HikaruD88/Shutterstock.com

p. 65, 66: Washi Tapes
© da-o/Shutterstock.com

p. 68: Óculos de sol com detalhe prata
© Nancy White/Shutterstock.com

p. 68: Lâmpada
© TonTonic/Shutterstock.com

p. 70: Relógio
© Eisfrei/Shutterstock.com

p. 71: Sketch book
© Azurhino/Shutterstock.com

p. 72, 73, 74, 75, 76, 77, 78, 79, 80, 81:
Estampa de zig-zag © Angie Makes/
Shutterstock.com

p. 74, 75, 77, 78, 80: Fuê
© Yunaco/Shutterstock.com

p. 77: Flor de baunilha
© Regina Jershova/Shutterstock.com

p. 81: Uvas
© Syrytsyna Tetiana/Shutterstock.com

p. 82: Selo de flor, selo de pássaro
© Plateresca/Shutterstock.com

p. 83: Selo de borboleta
© Plateresca/Shutterstock.com

p. 84: Pássaro agasalhado
© lenaer/Shutterstock.com

p. 84, 87, 88, 90, 91: Estampa de
triângulos © Magnia/Shutterstock.com

p. 85: Vestidos e sapatos
© Anna Ismagilova/Shutterstock.com

p. 86: Carteira e cartão
© Nancy White/Shutterstock.com

p. 87: Mulher com bolsas
© GGillustrations/Shutterstock.com

p. 89: Mala
© Pushistaja/Shutterstock.com

p. 89, 116: Sacolas de compras
© Faenkova Elena/Shutterstock.com

p. 90: Suéter estampado e calça jeans
© Nancy White/Shutterstock.com

p. 91:
Nécessaire © Gulnara Khadeeva/
Shutterstock.com
Batom e sombras © Eisfrei/
Shutterstock.com

p. 99: Big Ben
© Felipe Guatiello

p. 100: Batata e peixe fritos
© Maiia Vysotska/Shutterstock.com

p. 101: Mulher andando
© isaxar/Shutterstock.com

p. 102: Mulher comendo
© isaxar/Shutterstock.com

p. 103:
Piquenique © Sundra/Shutterstock.com
Sanduíche © Natalia Hubbert/
Shutterstock.com

p. 105:
Jarra de NY © Tatiana Davidova/
Shutterstock.com
Prédios © Nancy White/Shutterstock.com

p. 107: Estampa de pássaros
© lenaer/Shutterstock.com
Filme © aninata/Shutterstock.com

p. 109: MASP © Felipe Guatiello

p.110: Garota andando
© Kamenuka/Shutterstock.com

p. 110, 112, 113: Textura aquarela
© Lenlis/Shutterstock.com

p. 112:
Bijus © Any-Li/Shutterstock.com
Bruxinhas © GlebTv/Shutterstock.com

p. 113: Patins e equipamento
© Catherine Glazkova/Shutterstock.com

p. 114:
Rio de Janeiro © trentemoller/
Shutterstock.com
Xícara com flor © Le Panda/
Shutterstock.com

p. 115: Bondinhos
© Old Landscape/Shutterstock.com

p. 116: Cesta de piquenique
© Dlinnychulok/Shutterstock.com

p. 117:
Flor de lavanda © Azurhino/
Shutterstock.com
Pôr do sol © mammez/Shutterstock.com

p. 118:
Óculos de sol marrom © Pushistaja/
Shutterstock.com
Barraca e cadeira © Eisfrei/
Shutterstock.com

p. 119: Monte Fuji
© Felipe Guatiello

p. 120, 122: Estampa de escama de peixe
© Nattle/Shutterstock.com

p. 130, 138, 141, 152: Claquete
© aninata/Shutterstock.com

p. 130, 151, 153: Televisão
© Michael Vigliotti/Shutterstock.com

p. 142: Pipoca
© aninata/Shutterstock.com

p. 143: Ingressos de cinema
© aninata/Shutterstock.com

p. 144:
Lâmpada mágica © lineartestpilot/
Shutterstock.com
Sereia © Shafran/Shutterstock.com

p. 145: Coelho
© Eisfrei/Shutterstock.com

p. 147: Leão
© Faenkova Elena/Shutterstock.com

p. 150: Sofá
© runLenarun/Shutterstock.com

p. 168: Computador, flor e caneca
© Katerina Izatova/Shutterstock.com

Copyright © 2016 por Lia Camargo
Copyright © 2016 por Melina Souza

Todos os direitos reservados.
Proibida a reprodução, no todo ou em parte, através de quaisquer meios.
Os direitos morais dos autores foram assegurados.

Design de capa, design de miolo, pesquisa e manipulação de imagens:

Tita Nigri

Organização: Liv Brandão

Texto revisado segundo o novo Acordo Ortográfico da Língua Portuguesa.

Direitos exclusivos desta edição reservados pela
EDITORA RECORD LTDA.
Rua Argentina, 171 - Rio de Janeiro, RJ - 20921-380 - Tel.: (21) 2585-2000.

CIP-BRASIL. CATALOGAÇÃO NA PUBLICAÇÃO
SINDICATO NACIONAL DOS EDITORES DE LIVROS, RJ

Camargo, Lia; Souza, Melina

C179L   O guia para ser você mesma (estilo, inspiração e beleza) / Lia Camargo, Melina Souza. - 1. ed. - Rio de Janeiro: Galera Record, 2016.
168p. : il.

ISBN 978-85-01-10764-0

1. Adolescentes (Meninas) - Conduta - Literatura juvenil. 2. Estilo de vida - Literatura juvenil. I. Souza, Melina. II. Título.

16-34722

CDD: 305.235
CDU: 316.346.32-055.25

Impresso no Brasil

ISBN 978-85-01-10764-0

Seja um leitor preferencial Record.
Cadastre-se em www.record.com.br e receba informações sobre nossos lançamentos e nossas promoções.

Atendimento e venda direta ao leitor:
mdireto@record.com.br ou (21) 2585-2002.

O texto deste livro foi composto nas fontes:
Kohinoor Devanagari, desenhada por Satya Rajpurohit,
Pennellino, desenhada por GUD - Ohmyfont,
Mathilde, desenhada por Lee Batchelor e
KG When ocean rise, desenhada por Kimberly Geswein.
Miolo impresso em couché fosco 115g
pela Prol Gráfica e Editora.

Design de capa e de miolo por Tita Nigrí.